Jean-Paul Pigeat

GÄRTEN IM JAPAN-STIL

Haruga kita! Der Frühling zieht ein.

Jean-Paul Pigeat

GÄRTEN IM JAPAN-STIL

Vorwort von Patrick Blanc
Aquarelle von Fabrice Moireau

Ulmer

Jean-Paul Pigeat, 1946 in Montluçon geboren, studierte Rechts- und Wirtschaftswissenschaften und wurde Journalist. Ende 1974 übernahm er eine Kuratorenstelle am Centre Pompidou in Paris, wo er bis 1990 gut 30 Ausstellungen über bewegende gesellschaftliche Themen realisierte.
1992 initiierte er im Park des Schlosses Chaumont-sur-Loire die erste Internationale Gartenschau in Frankreich. Dazu werden jedes Jahr Landschaftsgestalter aus der ganzen Welt eingeladen, um 30 Versuchsgärten auf kleiner Fläche anzulegen. Diese kleinen Garten-Prototypen sind einzigartige Inspirationsquellen. Jean-Paul Pigeat blieb Direktor dieser Schau, bis er – leider viel zu früh – im Oktober 2005, einen Monat nach Abgabe dieses Buchmanuskriptes, verstarb.
Sein Freund Nicolas Bouvier (Autor der Bücher *L'Usage du monde* und *Chronique japonaise*), mit dem er Japan bereiste, machte ihn mit den Feinheiten der dortigen Gärten vertraut. Pigeat bewahrte sich ein tief reichendes Gespür für diese Gartenkultur, die er auf seinen eigenen Garten (siehe S. 2) übertrug. Im Kontakt mit den berühmtesten japanischen Landschaftsarchitekten wie Shodo Suzuki oder Fumiyaki Takano, die er mehrfach nach Chaumont eingeladen hatte, führte Pigeat mehrere Exkursionen nach Japan durch, um die dortigen Gärten zu erkunden und Pflanzen zu sammeln.
Er schrieb dieses Buch, das ihm eine Herzensangelegenheit war, mit großer Sachkenntnis, aber auch mit der ihm eigenen Zurückhaltung und Feinsinnigkeit.
Jean-Paul Pigeat war Mitglied des französischen Gartenbaurates *Conseil Supérieur des Jardins* und Träger der Auszeichnung *Chevalier des Arts et Lettres*.

VORWORT

Liebte Jean-Paul die Pflanzen um ihrer selbst willen? Ich bin mir dessen nicht ganz sicher, doch ich weiß, dass er sie ganz besonders schätzte, wenn sie ihn durch ihre Form, Textur, ihren Eigensinn oder sogar ihre elegante Art zu sterben überraschten.

Es ist geradezu unmöglich, seine Sprachlosigkeit zu vergessen und seine Überraschung, als er die Kamelienblüten auf dem Waldboden der berühmten Küstenwälder in Japan sah. Die Kamelienblüten hatten nicht nur die Eigenschaft, in vollkommenem Zustand – die Blütenblätter nicht zerknittert – abzufallen, sie präsentierten sich zudem von ihrer Schokoladenseite: Sie lagen mit ihrem Kranz von fünf Blütenblättern zum Blätterdach gerichtet, sozusagen mit dem „Gesicht nach oben".

Allen war klar, dass Jean-Pauls Begeisterung in erster Linie auf der Komplizenschaft von Pflanze und Mensch beruhte: Derjenige, der eine Pflanze verstand und dazu noch etwas kreativ war, würde durch die Art und Weise, wie er diese Pflanze präsentierte, eine vollendete Harmonie schaffen können. Daher war es also völlig unwichtig, ob der Tourist aus dem Westen glaubte, die Kiefern mit den versetzten Zweigen in den japanischen Gärten seien ein Kunstprodukt, geschaffen von einem expansionistischen Volk, das die Beherrschung der Natur anstrebe. Jeder Japaner weiß, dass *Pinus densiflora* in den unberührten Bergwäldern der Insel Kyushu genau dieselbe Silhouette zeigt.

Jean-Paul wusste immer, wo die fließende Grenze zwischen Beherrschung und Nachschöpfung der Natur verlief. Und ich bin einer der Glücklichen, die aus seiner Kenntnis profitieren durften, weil er mich stets ins Vertrauen zog, selbst bei den verrücktesten Projekten, wie zum Beispiel der Gestaltung des Farntales in Chaumont, wo er ausschließlich Urticaceae verwendete. Es war tatsächlich so, dass uns die Gewächse der Gattungen *Boehmeria*, *Elatostema* und *Pilea* in Japan durch ihr Blattwerk begeistert hatten und dass wir uns fast in ihre Verwandte, die Brennnessel, verliebt hätten.

Ich möchte dir, Jean-Paul, nochmals für die schöpferische Verrücktheit danken, die du um dich herum zu initiieren wusstest.

Patrick Blanc
Paris, im Februar 2006

INHALT

EINLEITUNG

Seit mehr als 15 Jahren wohne ich einige Tage, einige Stunden in der Woche in einem kleinen Haus auf dem Lande. Es ist braun und rosa, und so unscheinbar, dass keiner es neben dem viel befahrenen, vorüberführenden Weg bemerkt.

Es gibt ein rechteckiges Becken, etwa 20 m lang, das wir schamlos Kanal nennen. Japanische Karpfen versuchen darin, die regelmäßigen Besuche eines beharrlichen Reihers zu überleben. Man kann um das Becken herumlaufen, doch eine kleine Holzbrücke mit einer Spannweite von etwa 3 m erlaubt auch das Überqueren. Befreundete Architekten machen sich darüber lustig, weil die kleine Brücke so kläglich gebaut, mit lächerlicher und asymmetrischer Wölbung, und außerdem auch noch unnötig ist. Und doch bleibt es für mich eine japanische Brücke, da sie mir jedes Mal beim Überqueren das wunderbare Gefühl gibt, den Sommer mit den Seerosen genießen zu können, oder weil sie mir eine Gelegenheit gibt, die wieder einmal unauffindbaren, weil gefressenen, Fische zu suchen.

Das Haus erfüllt seine Rolle besser. Aus einem Gärtnerhäuschen haben wir ein Haus der Bücher gemacht, in dem wir in Ruhe leben – ein Haus der Weisen. Man darf das große runde Fenster im Wohnzimmer nicht zu sehr überbewerten. Im Wohnzimmer selbst ist nur zu sehen, was uns an Japonismus gerade noch so passend erschien. Gegenüber von der Lichtquelle ist ein Wandbild mit einem Tiger im Bambus angebracht, wie im Palast des Shogun in Kyoto – den Freunden, die es so gelungen gemalt haben, sei gedankt –, aber wir schlafen noch immer nicht auf Tatami-Matten.

Eigentlich schützt ein weit vorspringendes Dach das Wohnzimmer vor Regen und Sonne, aber es ist nicht perfekt. Kleine, aus Kyoto mitgebrachte Bambusrollos, wie man sie auf den umlaufenden Veranden der japanischen Tempel findet, schirmen das Licht stärker ab und verhindern, dass der Regen an das Haus klatscht. Es entstand sogar der Wunsch, auf der Veranda eine Kugel aus getrocknetem Zypressenholz aufzuhängen, die in Japan als Hinweis auf den Eingang einer Sake-Brennerei verstanden wird. Für ein Haus im Tal der Chevreuse ist das schon ziemlich dick aufgetragen. Ein anderes Fenster, rechteckig und starr, öffnet den Blick auf ein von Buchs eingefasstes Quadrat, in dem Blumen blühen. Sofort fällt auf, dass hier die Chance vertan wurde, eine Miniaturlandschaft nach japanischer Manier zu gestalten: Ein aufrecht stehender Stein, mehrjährige Pflanzen in Kugelform, eine rote Azalee, die uns im Frühling erfreut, dazu noch einige Iris oder *Hosta* könnten hier stehen. Im Hintergrund wäre eine Rose wie *R. sinensis mutabilis* ebenso angebracht wie die Glyzine, die seit langem die hölzerne Terrasse erobert.

Wir sind zwar noch nicht in einem japanischen Garten, doch atmet unsere Anlage schon deutlich diesen Geist. So möchte ich auch dieses Buch verstanden wissen. Es geht nicht darum, japanische Gärten schablonenhaft zu kopieren, sondern den Geist des japanischen Gartens zu ergründen, um ihn an unsere Verhältnisse und Wahrnehmungswelten anzupassen.

Jean-Paul Pigeat
Le Mesnil, im August 2005

MERKMALE DES JAPANISCHEN GARTENS

„In der Vorstellung eines Großteils aller Japaner ist der Europäer wohl ein Störenfried, verkrustet und voller Schmutz. Heute Abend vor allem ich. Auch die Vollkommenheit dieses nackten Raumes bewegt mich zutiefst, weist mich ab, gibt mir das Gefühl schmutzig zu sein, obwohl ich direkt vom Baden komme. Zu viele Haare, zu viele unbescheidene Sehnsüchte und vielleicht auch ein oder zwei überflüssige Körperteile. Bei dieser Raumgestaltung herrscht, wie auch bei den Nahrungsmitteln, eine unaufhörliche Vergeistigung: Macht euch klein, stört nicht die Aura, beleidigt nicht das Auge mit euren schrecklich bunten Jacken, seid nicht so lebhaft und beleidigt nicht die etwas blutleere Vollkommenheit, mit der wir seit mehr als 800 Jahren unsere Gärten anlegen.“

Nicolas Bouvier
A l'auberge de Matsushima (In der Herberge von Matsushima)

Minimalismus, Transparenz, Anpassung des Hauses an seine naturgewachsene Umgebung, der Übergang von drinnen nach draußen – das sind die Konzepte, die sich die zeitgenössische europäische Architektur in Japan abgeschaut hat.

Links: Haus des Architekten Rem Koolhaas in Südwest-Frankreich.

Rechte Seite: Villa Farnsworth, Illinois, von Mies van der Rohe.

Kapitel 1

Begeisterung für den Orient

Seit mehreren Jahrhunderten ist in der Geschichte aller europäischer Länder phasenweise die Faszination für den asiatischen Raum spürbar. Die Reisen des Marco Polo zum Beispiel brachten Gewürze, Seide und seltenes Porzellan nach Europa. In der Geschichte der Gartenkunst ist diese Faszination fortwährend vorhanden: Glasarbeiten der Renaissance, Fresken in Anlehnung an den chinesischen Stil in den Villen des Veneto, am Ende des 17. Jahrhunderts Porzellanpavillons, im 18. Jahrhundert der anglo-chinoise Stil, die Akklimatisierung von Pflanzen, und die Idealisierung asiatischer Lebensräume bei den Weltausstellungen des 19. Jahrhunderts.

Diese Leidenschaft verlor auch im 20. Jahrhundert nicht an Kraft, weil große Architekten wie Walter Gropius oder Bruno Taut, die Begründer des Dessauer Bauhauses, offen bekannten, ihre Japanreisen hätte sie tief beeindruckt, vor allem die Katsura-Villa in Kyoto. Ludwig Mies van der Rohe fand in der japanischen Ästhetik die Basis für seinen berühmten Grundsatz „less is more" – „weniger ist mehr", der sein ganzes Bauen von der Villa Farnsworth bis zum Weltausstellungspavillon in Barcelona bestimmte. Zweifellos war es jedoch der amerikanische Architekt Frank Lloyd Wright, der seine Japanleidenschaft am meisten umgesetzt hat. Er hatte das Verhältnis der traditionellen Architektur zur Natur vollkommen verstanden. Sein „Haus Kaufmann" (auch Falling Water genannt) zeigt in höchster Perfektion, wie man die japanischen Regeln auf die westliche Welt übertragen kann. Hier gibt es eigentlich keinen echten Garten, aber eine Vergeistigung der Natur. Das Haus ist in den Fels gesetzt und vollständig in die gewachsene Natur eingegliedert. Der Übergang vom Inneren zum Äußeren vollzieht sich ohne Stocken. Wie in Japan verbindet ein gedeckter Wandelgang die beiden Baukörper.

Der Orient ist überall in unseren Träumen. Wir sind uns sehr wohl im Klaren, dass wir von asiatischer Kultur durchdrungen werden. Aber unsere westliche Vorstellung von Gärten unterscheidet sich grundlegend von der asiatischen. Für uns steht die Bewunderung der prächtig entfalteten Pflanzenwelt an erster Stelle. Wir lieben üppig blühende Obstbäume, aber auch reichlich mit Früchten behangene faszinieren uns. Die Rosengärten interessieren uns nur, wenn sie in voller Blüte stehen. Ein Gemüsegarten ist nur wegen seines Ertrages von Bedeutung. Wir halten es nur schlecht aus, dass sich ein Garten nicht immerwährend in Höchstform präsentiert. Manche Gärten werden nach der Blüte im Juni oder Juli von ihren Besitzern den ganzen August über vernachlässigt, bis der September dann erneut Farben und Reize bringt.

In Asien verhält es sich ganz anders. In Japan erfreut man sich das ganze Jahr über an bestimmten Höhepunkten: Blüte der Kirschen, gefolgt von der Rhododendrenblüte, dann Irisblüte, Rotfärbung der Ahornblätter, Aufblühen der Chrysanthemen. Der Winter erlaubt es, die Sicheltannen oder die Silhouetten der schneebedeckten Bäume zu genießen. Das ganze Jahr über streift man durch den Garten. Die immergrünen Arten sorgen, egal zu welcher Jahreszeit, für interessante Anblicke und es gibt auch Gärten, die ausschließlich durch die Bepflanzung wirken.

Farnworth House. Ludwig Mies van der Rohe - Illinois. 1945-1951

Gärten vom Beginn des 20. Jahrhunderts

Albert Kahn

Zu Beginn des 20. Jahrhunderts entstanden, sind die Gärten Albert Kahn in Boulogne-Billancourt irgendwie ein Prototyp all jener Gärten, die eine Verschmelzung der Kulturen, Gefühlswelten und sogar Klimazonen oder Lichtverhältnisse anstrebten.

Als Albert Kahn die Anlage plante, träumte er davon, die Menschen der ganzen Welt zu vereinen, damit sie sich besser verstünden und keine Kriege mehr gegeneinander führten:

„Vergessen wir nicht, was das Geheimnis und die Würde eines Gartens ausmacht: Einerseits vermittelt er das Verhältnis einer Kultur oder einer Zivilisation zum Universum; um dieses Verhältnis jedoch zu sehen, bedarf es auch eines Schlüssels zum Lesen der jeweiligen Symbolik. Die Existenz einer Rocaille in einem romantischen englischen Garten oder der Ausdruck der Natürlichkeit in einem „Sumpf", auch das Malerische eines „Blauen Waldes", der Exotismus, der aus einem japanischen Garten spricht, die Treillagen eines Palmenhauses und die regelmäßigen Parterres eines Gartens in französischer Manier, die Pomponrosen oder der Duft nach Früchten verstehen sich als Ausdruck der Stimmung und der ästhetischen Vorlieben des Ortes und der Zeit, als die jeweilige Gartentradition geboren wurde." So schrieb Gilles Baud-Berthier, Direktor des Museums Albert Kahn, in *Les Jardins Albert Kahn* (Editions Jacques de Givry, 2004).

Die Gartenanlage Albert Kahn ist für Japonismus-Begeisterte eine wahre Ideen-Fundgrube, nicht nur im Bereich des japanischen Gartens selbst. Der vorbereitete aufmerksame Wanderer wird eine Menge Beispiele entdecken, in welchen der asiatische Einfluss spürbar ist, und diese Beispiele stehen unaufdringlich zwischen den anderen, sind aber doch eindeutig japanisch. Das hängt sicher zum Großteil mit dem kulturellen und politischen Ziel des Gartens zusammen. Eine alte, im Juni 1921 aufgenommene Fotografie zeigt Rabindranath Tagore in der Rosenallee. Seine bärtige Gestalt und der weite, graue Mantel erinnern unweigerlich an die großen japanischen Weisen. Im Frühling verwandelt die japanische *Spiraea* 'Snowmound' diese furchtbare französische Allee der frühen 1900er-Jahre in einen asiatischen Ort. Damit ist der Ton vorgegeben. Im Vogesen-Wald wecken eine wilde Anhäufung von Steinen und die künstliche Schotterhalde unweigerlich die Assoziation mit dem Moosgarten in Kyoto. Es würde genügen, die Fichten durch Sicheltannen zu ersetzen, um sich mitten in einem Roman von Kawabata wiederzufinden. Die mit Bambushorsten rhythmisch akzentuierte Rhododendren-Allee liegt irgendwo zwischen Europa und Asien. Die Seerosen, die japanischen Schwertlilien und die Hölzer im Sumpf muten asiatisch an. Unmittelbar daneben stutzt ein Gärtner eine Buche nach japanischer

Die Gärten Albert Kahn
in Boulogne-Billancourt:
Links die Andeutung eines Reisfeldes und einer Kaskade in den von Takano neu gestalteten Gartenbereichen.

Rechts ein Durcheinander von Felsen – Nachahmung einer Geröllhalde – im Vogesen-Wald.

Manier, indem er die Äste so beseitigt, dass nur Laubbüschel bleiben. Paradoxerweise hat auch der Eingang zum japanischen Garten im Laufe der Zeit umgekehrte Einflüsse erlebt. Eine Fotografie aus dem Jahre 1912 zeigt das Torii, das rote Zugangstor, umstanden von pastellfarbenen Blüten – eine wesentlich jüngere Aufnahme zeigt bunte Canna, die den westlichen Stil gut verkörpern.

Was hätte man wohl gesagt, wenn man den alten japanischen Garten betreten und dort im „Dörfchen" zwei japanische Häuser und eine normannische Meierei mit identischen Strohdächern erblickt hätte. Und was soll man heute sagen, wenn man den modernen, von Fumiyaki Takano im Jahre 1988 entworfenen Garten entdeckt. Dort schuf der Landschaftsgestalter ganz im Einklang mit Kahns Philosophie einen Gartenabschnitt, der entlang des Weges vom Aussichtspunkt über eine gerade Stiege hinab bis zum Flüsschen einen Bezug zu Frankreich herstellt und an den geometrischen Aspekt französischer Gärten gemahnt. In diesem Teil des Gartens wird das französisch-japanische Zusammenspiel zudem noch durch das Zusammenleben von Bäumen wie Linden, Kastanien und Buchen mit den für Japan typischen Fächer-Ahorn, Rosmarinheide und Azaleen vermittelt. Wenn man noch etwas aufmerksamer ist, dann bemerkt man auf dem Grund mancher Alleen auch Keramikfragmente in den Farben der französischen und japanischen Flagge – Rot, Weiß und Blau." So Michel Farris, leitender Gärtner der Gärten Albert Kahn in der Publikation *Les Jardins Albert Kahn* (Editions Jacques de Givry, 2004).

Maulévrier im Departement Maine-et-Loire ist ein außergewöhnliches Beispiel für einen Wandelgarten in japanischem Stil, den man um einen künstlichen See herum anlegte.

Maulévrier

Ein Besuch in Maulévrier ist für jeden ein Muss, der Sinn für einen Landschaftsgarten hat. Tatsächlich entstand die außergewöhnliche Schöpfung eines Wandelgartens an einem Ort, der ursprünglich keineswegs besondere asiatische Züge aufwies.

Das Projekt wurde von Alexandre Marcel ins Leben gerufen, einem mondänen und talentierten Pariser Architekten, der eine Leidenschaft für die asiatische Kultur besaß. Er war auch der Planer der „Pagode" in der Rue du Babylone in Paris, einem Festsaal, den er für einen Kaufhausdirektor erbaute und der 1931 in ein Kino umgewandelt wurde. Das Anwesen in Maulévrier gehörte seiner Frau und um 1900 entschied er sich, den Talgrund unter dem Schloss in Form einer japanischen Landschaft zu gestalten.

Maulévrier birgt viele Ideen in sich, die man auch auf andere, weniger weitflächige Anwesen übertragen kann. Wir halten uns hier jedoch nicht zu sehr mit der Beschreibung der malerischen Gestaltungselemente auf, sondern stellen eher die charakteristischen Landschaftszüge des Parks vor. Der Park wird von Wasser beherrscht und Wasser ist sozusagen der rote Faden. Ein künstlich angelegter See bildet den Mittelpunkt des Tales und teilt sich in zwei Schleifen. Das Wasser des Sees ist stellenweise ruhig, stellenweise durch eine Kaskade bewegt. Der Hauptweg des Parks führt am See entlang und überquert von Zeit zu Zeit den See. Man sieht an der vom Wasserlauf

Der Khmer-Tempel in Maulévrier stammt von der Weltausstellung 1900.

durchzogenen Wiese einige Gebäude verborgen zwischen den Bäumen. Wenn man näher kommt, erkennt man eine überdachte Mole.

Die Szenen des Gartens breiten sich vor dem Besucher aus: die Brücke im Khmer-Stil, die Pagode (eher ein anglo-chinoises Haus), der Khmer-Tempel, etwas weiter in der Ferne dann die rote Brücke, der Meditationshügel, die Azaleenhöhe und das goldene Horn am Ende des Seearms. In vielen japanischen Gärten findet man diese Art der Vorausschau auf den kommenden Rundgang. In Kumamoto auf der Insel Kyushu erlebt man im Wandelgarten eine wunderbare Abfolge von Bildern – es sind Szenerien vom Tokaido, dem Weg von Tokyo nach Kyoto; im Mittelpunkt der Komposition thront der Berg Fuji. Hier in Maulévrier erzählen die verschiedenen Stationen jedoch von der Asien- und Exotik-Leidenschaft des Bürgertums zu Beginn des 20. Jahrhunderts. Die Mehrzahl der Gestaltungsbausteine in Maulévrier stammt von der Weltausstellung des Jahres 1900. Eine derartige Abfolge von Szenerien kann in vollkommener Weise auch heute noch in einem modernen Garten mit einfachen Mitteln umgesetzt werden. Die eingeschnittenen Ufer des Sees erlauben die Gestaltung sehr vielfältiger Szenen. Die erste Etappe zeigt den Pagodengarten, wo ein kleiner Wasserlauf inmitten der Obstbäume und der Heidepflanzen verläuft. Die Kühle und der Halbschatten schaffen geeigneten Lebensraum für Farne, Moos und Bambus. Dieser Wasserlauf versinnbildlicht die Abschnitte des Lebens: Bewegung für die Kindheit, ruhiges Fließen für die Jugendzeit, Kurven und Krümmungen im Erwachsenenalter

Der wolkenförmig getrimmte Strauch lässt den Rest der Landschaft besonders gepflegt erscheinen. Die Lichteffekte sind hier stark ausgeprägt.

und ein kleiner stiller Teich für das Alter. Nicht jeder Garten muss auf diese Art und Weise gedeutet werden, aber eine derartige Interpretation kann der Gartengestaltung mit Wasser durchaus Sinn verleihen; unsere westlichen Zivilisationen ignorieren meist solche Dinge. Gegenüber von der Khmer-Brücke, wo die Löwen vom Seeufer aus den Tempel bewachen, liegt die goldene Seespitze. Ein Stück weiter bereitet die rote Brücke den Zugang zum Paradies. Es ist verboten, die Inseln des Kranichs und der Schildkröte zu betreten. Hierbei handelt es sich um eine Kopie des Konchi-in in Kyoto, eines Gartens aus dem 17. Jahrhundert. Nichts ist aufregender als eine verbotene und „heilige" Insel. Die Felsen sind extra hier platziert worden, um die Szenerie nachzustellen. Der Meditationshügel birgt einen neuen überraschenden Effekt: Hier hört man den Lauf des Wassers, doch man sieht es nicht. Sein Geräusch vermischt sich mit dem Gesang vieler Vögel zu einem beruhigenden Element, das durch den Duft der Kiefern noch verstärkt wird. Auf der Azaleenhöhe wurde eine weitere Idee verwirklicht: Hier sind die Topfpflanzen in einer Reihe konzentrischer Terrassen versenkt. Während der ganzen Saison erblühen sie nacheinander zum Höhepunkt ihrer Blütezeit. Das ist bei geschickter Pflanzenwahl einfach nachzuahmen: mit Azaleen, Päonien, Iris, Lilien, Chrysanthemen und anderen.

In Maulévrier trägt auch der Schnitt der Bäume und Sträucher zum besonderen Erscheinungsbild bei. Manche Bäume sind transparent getrimmt, das heißt man lässt die Hauptäste stehen und schneidet alle kleinen Zweige weg, um nur die Struktur und Büschel mit Blattwerk an den Enden zu erhalten. In Maulévrier hat sich ein Stil herauskristallisiert, bei dem die vertikalen Äste betont werden, dadurch ähnelt der Habitus einem vielarmigen Leuchter. In Chaumont verdankt eine hundertjährige, dicht am Stamm beschnittene Zeder ihren unsäglichen Zustand sicherlich dieser Baumschnittpraxis, die um 1900 äußerst beliebt war. Die tellerförmig geschnittenen Zweigenden, die mit Draht gebundenen Äste, um die natürliche Wuchsrichtung zu verändern, – das sind weitere Ergebnisse dieser Praktiken, deren positive Seite man jedoch nicht übersehen darf: Sie verleihen den Landschaften Transparenz und schaffen gestaffelte Bildebenen, die die Wahrnehmung bereichern. Dazu gehören auch wellenförmig getrimmte Sträucher und dazwischen Pflanzenkugeln, die Felsen nachahmen sollen. Aber diese etwas überholte Praxis (besonders in den Gärten des Landschaftsgestalters Jacques Wirtz) überrascht heute nicht mehr.

Was den besonderen Wert von Maulévrier ausmacht, das ist die umfangreiche Sammlung von Baumgehölzen aus Asien, die zu jeder Jahreszeit ein eignes Farbenkleid anlegt. Der Sturm von 1999 hat vieles vernichtet, aber mit der Neupflanzung gut entwickelter Bäume wurde bereits begonnen. Man sollte Maulévrier unbedingt besuchen, um dort aus dem reichen Fundus an Ideen schöpfen zu können.

Der Garten von Piero Veraldi in der Auvergne mit einer spektakulären und sorgfältig ausgeführten Mauer. Das Geheimnis der Natürlichkeit und seine Faszination stecken offenbar in der Vielfalt der Steinformen und ihrer Größe. Die Idee ist leicht nachzuahmen, wenn man einen Vorrat an Steinen zur Verfügung hat. Im Tümpel wurde ein Karpfenloch ausgehoben.

Zeitgenössische Gärten

Der japanische Stil hat etliche Gartengestalter beeinflusst, nachdem sie sich eingehend mit den Methoden japanischer Landschaftsarchitekten beschäftigt haben, auch wenn sie das nicht offen zugeben würden. Oft bleiben diese Gärten unbekannt, was aber nicht bedeutet, dass sie minderwertig wären.

Der Garten von Piero Veraldi

Dieser kaum bekannte Garten verbirgt sich tief in der Auvergne, in einem Klima und einer Landschaft, die an die Region Kyoto erinnern. Binnen kurzem wird wohl nichts mehr oder kaum noch etwas von dem Garten zu sehen sein, da sein kürzlich verstorbener Schöpfer keinen Nachfolger fand, der den Unterhalt gewährleistet.

Man betritt diesen Garten über einen sanften Hang, der längs verläuft. Man kommt also nicht frontal hinein, sondern vorsichtig, auf einem Umweg. Am Hang liegen rechts große, graue Felsen, finster und durch die Erosion rund geschliffen. Zwischen den Felsen imitieren getrimmte Buchsbäume die Formen der Steine. Im Hintergrund verläuft eine Mauer aus behauenen Steinen in verschiedenen Formen.

Mächtige Kastanienbäume spenden einen sanften, lichten Schatten.

Und dann taucht das Haus auf, im rechten Winkel zum Weg und etwas zurückversetzt. Es ist niedrig, bescheiden, die Fassade durchbrochen von schmalen Türen und Fenstern. Keine ferne Landschaft ist vom Haus aus mehr zu sehen, jede Öffnung rahmt eine individuelle Szenerie: einen Steinhaufen, eine Gruppe Nussbäume, behauene Steine und so weiter.

Gehen wir also in diesen Garten. Dank eines Wiesenhanges wirkt er befreiend. Darum herum reiht sich eine Vielzahl von Szenen. Es ist ein Garten, in dem man von Station zu Station wandeln kann. Der Rundgang beginnt mit einer Gruppe von Haselsträuchern, die im Inneren zurückgeschnitten ist. Der besondere Reiz ist nicht auf den ersten Blick wahrnehmbar. Man muss unter die Kuppel aus Ästen schlüpfen, um von Innen heraus zu verstehen, auf welche Art sie geschnitten wurden, damit sie das Geflecht bilden, das an die Rosette einer gotischen Kathedrale erinnert. Einige Meter weiter obenbefindet sich ein Tümpel, der nahezu kreisrund ist. Weite Teile des Ufers haben einen feinen Sandstrand, in dem einige Kiesel und Steine verstreut liegen. Schachtelhalm, Iris und eine Seerose wachsen hier „zwischen Erde und Wasser". In der Mitte des Tümpels ist ein rundes Loch tief ausgehoben. Hierhin flüchten sich die Karpfen im Sommer, wenn das Wasser zu warm wird.

Hinter dem Tümpel kann man an einem leicht geneigten Mäuerchen aus fein behauenen Basaltbrocken in ein winziges Tal treten: die Wände etwa 2 m hoch, das Tal etwa 7 bis 8 m lang und von einem kleinen Bach durchzogen, der über Kaskaden hinabfließt. Aus einem Spalt im Felsen auf dem Boden sprudelt klares Wasser. Sein Lauf zwischen den Steinen endet in einer

Hier scheint eine Anpassung des japanischen Trockengartens an Mitteleuropa stattgefunden zu haben, denn normalerweise betritt man einen Zen-Garten nicht. Dieser lädt aber sowohl zur Kontemplation als auch zum Boule-Spiel ein.

Ein Bambus (*Pseudosasa japonica*) und ein Tränendes Herz (*Dicentra formosa*) neben einem vielsagenden Stein: japanischer Geist und westliche Symbolik ...

froschförmigen Brunnenschale. Es ist kaum zu glauben, dass diese so natürlich anmutende Szene durch und durch konstruiert ist und dass die Quelle wesentlich weiter oben am Hügel liegt.

Der Weg führt oberhalb des kleinen Tales bis zu einem freien Platz – einer Bank im Schatten eines Haselnussstrauches. Das ist jedoch nicht der erste Sitzplatz, den wir passieren und an dem der Gestalter dieser Anlage gerne seine freie Zeit verbrachte. Jede dieser Stationen gewährt eine besondere Aussicht: eine Kiefer in der Ferne, den Tümpel, den klangvollen Hang bei der Quelle. Hier, an diesem von Buschwerk umgebenen Ort, zieht der wellenförmig gerechte (geharkte) Sand die Blicke auf sich. Man verweilt, man denkt nach, und zum Schluss geht man über den Sand hinweg weiter. Dort kommen Felsen an die Oberfläche. Wahrscheinlich brauchte es Monate geduldiger Arbeit, um sie aus der bedeckenden Erde zu befreien, um die eine oder andere Form hervorzuheben oder um jenen Block wieder zu bedecken, der die Landschaftsgestaltung nicht bereichert hätte. Überall wächst Erika, am Rand einige Gräser. Und überall diese Formen imitierter Felsen – aus kugelig geschnittenem Salbei, Buchs, Lorbeer – die man auf dem Rückweg hinunter zum Haus passiert. Und noch einmal ein Stopp auf einem eingezwängten, steinernen Sessel unter einem großen Baum. Legt man den Arm auf die Armlehne, so taucht die Hand in das fließende Wasser der Quelle (noch eine Ablenkung). Man entdeckt, dass die Konturen der Wiese nicht zufällig sind – sie erinnern an den Körper einer Frau.

Es wird Zeit, zum Haus zurückzukehren, vorbei an Geröll und der Ruine eines Hauses. Fenster, Tür und ein Stück Mauer gemahnen an den Lauf der Zeit. Man benötigt Stunden, um den Garten in seiner ganzen Tiefe zu erfassen. Da gibt es auch noch das kleine Bonsai-Theater und die Sammlungen seltener Pflanzen, die entweder von Reisen mitgebracht wurden oder als Geschenke hier ankamen.

Man wird ihn verstehen, es ist ein Garten der Auvergne ...

Und dennoch vereint er auf feinste Art alle Ausdrucksmöglichkeiten des japanischen Gartens: die Folge von Szenerien, die Bedeutung der Steinformen, Bäume und gestutzten Sträucher, fließendes und ruhendes Wasser, Aussichtspunkte, behauene Felsen und Steine, Grün als beherrschende Farbe, sorgfältige Bodengestaltung und das Spiel von Licht und Schatten. In diesem Garten ist der japanische Stil nicht schlicht kopiert, sondern vergeistigt, mit Leichtigkeit an das europäische Klima und die Farbe des Himmels angepasst.

Die klimatischen Bedingungen in der Auvergne sind für diesen Garten höchst geeignet. Nur selten bedeckt der Tau *nicht* den Boden, selbst im Hochsommer. Im Winter macht der häufige Schneefall die geschnittenen Baumformen noch schöner.

Wie in jedem japanischen Garten muss die Pflege sehr sorgfältig sein und täglich erfolgen, was auch das wahrscheinliche Verschwinden dieses Gartens erklärt.

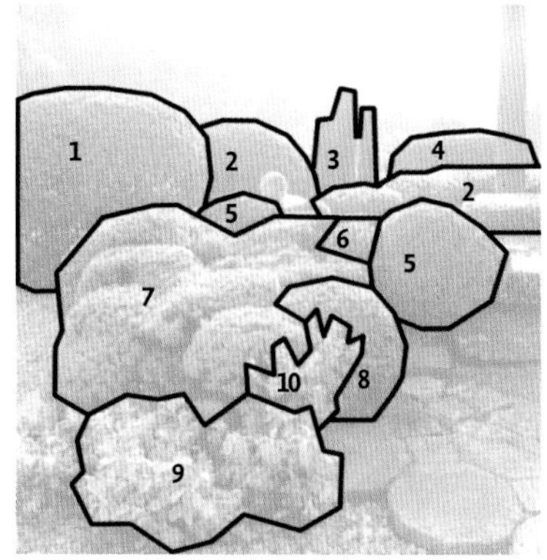

Verschiedene getrimmte Pflanzen:
1. Lorbeer-Schneeball (*Virburnum tinus*)
2. Hecken-Buchs (*Buxus suffruticosa*)
3. Wacholder (*Juniperus virginiana* 'Skyrocket')
4. Franchetts Zwergmispel (*Cotoneaster franchettii*)
5. Glänzende Heckenkirsche (*Lonicera nitida*)
6. Salbei (*Salvia officinalis*)
7. Lavendel (*Lavandula* x *intermedia*)
8. Gewöhnlicher Buchs (*Buxus sempervirens*).
Im Vordergrund ein Silber-Greiskraut (9) und ein Strauch-Ehrenpreis (10), die sich frei entfalten können.

Man kann sich vorbehaltlos vom Jardin de la Louve inspirieren lassen, denn hier hat Nicole de Vésian die aus Japan bekannte Kunst des Strauchschnitts wunderbar umgesetzt. Sie verwendete einheimische Kräuter, die besonders gut an die kalkhaltigen Böden und das trockene Klima Südfrankreichs angepasst sind.

Der Garten von Nicole de Vésian

Ob der Gartengestaltung von Nicole de Vésian in Bonnieux wirklich eine japanische Inspiration zugrunde liegt, kann nicht eindeutig geklärt werden. Das Klima des Lubéron ist gänzlich anders als in Japan, und das harte Licht, von den weißen Steinen reflektiert, besitzt keinerlei Ähnlichkeit mit der Subtilität von Licht und Dunkel in den Gärten Japans. Dennoch, der ästhetische Kugelschnitt der Immergrünen vereinigt sich mit japanischer Ästhetik im gleichen Maße wie die Kombination dieser Sträucher mit den Steinen. Heiligenkraut, Lavendel, Rosmarin, Wacholder auf sanften Hügeln erinnern an die Landschaften um die Stadt Osaka. Die großartige Feinheit der dazwischen verteilten Kugeln, die Texturen, die Grün- und Grautöne, das völlige Fehlen der Blumen bis auf Iris-Arten, die Subtilität der Bodengestaltung mit gemischten Steinen, Ziegeln und auch Pflasterung in Form des *opus incertum* lassen an Japan denken. Die oftmals gerundeten Steine, die den Garten gliedern, sind auf die Pflanzenkugeln abgestimmt. Manche Bäume sind sogar so geschnitten, dass die Hauptäste frei stehen, in Japan würde man es ebenso machen. Da braucht es schon noch einige Büschel mit Artischocken, damit man sich in Europa wiederfindet. Besonders am frühen Morgen ist der asiatische Eindruck stark ausgeprägt, wenn Spiele von Licht und Schatten durch die sanft gedämpfte Sonne entstehen.

Érik Borja ist ein Meister in der Kunst der Anpassung japanischer Kompositionsprinzipien auf europäische Verhältnisse. Sein eigener Garten legt davon beredtes Zeugnis ab – eine Mischung sorgfältig zu Wolkenformen geschnittener mediterraner Pflanzen wie Wacholder und Zypressen mit Zwergbambus (*Pleioblastus* 'Auricoma'), Farnen, Seggen, Funkien und vielen mehr.

Die Gärten von Érik Borja

Nicole de Vésian ist nicht die Einzige, die eine Annäherung von asiatischen und provenzalischen Elementen anstrebt. Der Landschaftsgestalter Érik Borja hat daraus sogar die Grundlage seines Wirkens gemacht, und seit vielen Jahren gestaltet er seltsam anmutende Gärten, die unzweifelhaft an Japan denken lassen.

Sein eigener Garten in der Region Drôme ist eine Art Ideallandschaft von komplexem Ausmaß, in der sich kleine Senken mit Hügeln abwechseln und Licht-und-Schatten-Spiele erzeugen. Schon auf den ersten Metern besteht aufgrund der skulptural gearbeiteten Heckenkirschen oder der wolkenförmigen Bäume kein Zweifel mehr – man ist mitten in Japan. Wie in Japan sind behauene Findlinge zum Bau von Stufen verwendet worden und im Flussbett der Isère rund geschliffene Steine bilden einen Vulkankegel. Was ist aber mit den Zypressen und den aufgereihten Obstbäumen, die man tiefer gelegen entdeckt? Letztlich ist es doch die Provence!

Linke Seite: Érik Borjas Garten in der Drôme.

Unten: Der von Shodo Suzuki in Chaumont-sur-Loire gestaltete japanische Garten.

Hommage an Shodo Suzuki

Im Jahre 1993 wurde der große japanische Landschaftsarchitekt Shodo Suzuki gebeten, die Gestaltung eines Gartenbereichs bei der Internationalen Gartenschau in Chaumont-sur-Loire zu entwerfen. Das Thema jenes Jahres war „Die Vorstellungskraft in der Krise". Er plante einen zugleich japanischen wie westlichen Garten, der sich wunderbar in die Landschaft am Loire-Ufer einfügte. Am Rande des Gartens wurden zum einen eine niedrige Bambushecke gesetzt und zum anderen Pflanzen, die Frieden und Hoffnung brächten.

Ein Kreis symbolisiert Satori. Er schließt ein Meer geharkten Sandes ein wie in einem Zen-Garten.

Aus diesem Meer ragen die Inseln des japanischen Archipels auf. Die beiden größten, Honshu und Hokkaido, sind in drei und zwei Teile zerbrochen, was zugleich die Erdbeben und die seinerzeitige existenzielle Krise Japans symbolisierte.

Die Oberfläche der Inseln ist poliert und ihr Glanz spiegelt die Loire, Frankreichs großen, mythischen Fluss wider, den man am Fuß des Parks vorüberziehen sieht. Dieses lebendig fließende Wasser versinnbildlicht den Lauf des Lebens. Die Landschaft der Loire wird zwischen den Ästen des Unterholzes eingefangen. Die Atmosphäre des Gartens, ganz in Schattierungen von Weiß und Schwarz gehalten, trägt den Charakter eines japanischen Tuschbildes. Dieser Garten, der tief von der Tradition japanischer Gärten durchdrungen und gleichzeitig völlig modern ist, mag als großartige Einführung in die japanische Gartenkunst gelten.

Blaise Bourgeois

Dieser junge Genfer Landschaftsarchitekt aus der Schule von Lullier ist eine Entdeckung des Festivals in Chaumont. Er ist für das Büro Oxalis verantwortlich. Sein erstes Werk war sein eigener kleiner Garten, den er schon plante, als er noch ein Jugendlicher war. Es ist ein Garten mit japanischer Seele, kaum 500 m^2 groß, doch voller räumlicher Vielfalt, und er erinnert an manche Gärten in Kyoto. Im Garten findet sich keinerlei Symbolik, aber die Suche nach Einfachheit. Mit einem einzigen Blick scheint man den gesamten Garten erfassen zu können: das Meer aus Kieseln, Wogen von Rasen und im Hintergrund Pflanzenmassen in freiem Wuchs oder getrimmt.

Wie in Japan sollte der Garten optisch leicht mit dem benachbarten Gelände verschmelzen. Daher war es notwendig, mit den Pflanzenmassen „Versteck zu spielen": Die Hecke gegenüber wurde durch einen Vordergrund aus Kolbenlilien und *Hosta* vor Bambus integriert, damit sie aussieht, als gehörte sie zum Garten. Grüner Bambus (*Shibataea kumasaca*) formt kleine Hügel, die ein Landschaftsbild entwerfen. Die gerundeten Formen werden jedes Jahr im Sommer mit Baum- und Heckenschere getrimmt. Der orientalische Eindruck wird suggeriert durch eine Rankhilfe voller Glyzinen, die ungestört wachsen können und im Frühling voller Blüten hängen. Auf das Wasser trifft man überall: in einem viereckigen Brunnen, in einem flachen, von einer Sansibar-Seerose eingenommenen Wasserbecken, in der zentralen Wasserfläche, deren Ränder durch Gräser und großblättrige Pflanzen entschärft sind, und vor allem im Prunkstück des Gartens – einer Holzbrücke über dem Wasser, in deren Mitte ein lebhaftes Wasser fließt, das beim Überlaufen munter plätschert. Ein Märchenstück genau an der Grenze zwischen Orient und Okzident.

Oben: Der kleine goldfarben panaschierte Bambus *Pleioblastus* 'Auricoma' bildet gebüschähnliche Einzäunungen. Man kann ihn nach Wunsch in Form schneiden, um ein Relief herauszuarbeiten, und ihn im Frühling direkt über dem Boden mähen, um die Pracht der Blätter zu erneuern.

Vermutlich tritt die Kunst des japanischen Gartens am besten in Form der winzigen Höfe zutage: Das Wesen der Natur klingt durch einfache Moose und einige Bambusbüschel (*Chimonobambusa*), Steine und ein Sandmeer in einem geschlossenen Raum an. Wie in der gewachsenen Natur sind die Formen „organisch", die Verteilung des Bambus rein zufällig, aber ausgewogen.

Kapitel 2

Geschlossener Raum oder Bezug zur Landschaft

Wer einen Garten japanischer Prägung gestalten möchte, hat verschiedene Möglichkeiten, je nachdem ob eine leere, weite Fläche oder eine ganz kleine, beengte Fläche zur Verfügung steht.

Die kleine Fläche ist der Ausgangspunkt für einen intimen japanischen Garten: ein Fenster oder eine Tür rahmen ihn. Dieser Garten ist am einfachsten und kostengünstigsten zu gestalten.

Die offene Fläche erlaubt die Anlage von Landschaftszitaten. Man komponiert den Garten also als Aussicht auf einen Berg, als gekrümmtes Ufer oder mit Bezug zu einem bemerkenswerten Baum – ein gefährliches aber spannendes Unterfangen.

In sich geschlossene Gärten

Dieser Gartentypus empfiehlt sich in einem Land, dessen Bevölkerungsdichte relativ hoch ist. Um sich abzukapseln, wählt man entweder Hecken von schlankem Wuchs oder Bambuszäune sowie Holzgeflechte. Eines ist besonders auffallend: Die Japaner leben direkt auf dem Boden, während wir selbst sitzend noch eine dominante Position behalten. Für die Japaner ist es wesentlich einfacher sich zurückzuziehen als für uns. Sobald der Raum abgesteckt ist, bedarf es nur noch weniger Dinge, um einen Mikrokosmos zu gestalten: etwas Moos, einige Felsen und Farne, einen aushöhlten Stein, der das Wasser sammelt, und ein oder zwei kleine Bäume, am besten Ahorn, dazu dann Sand oder Kiesel, um diese Bausteine zu vereinen. Wer das Malerische liebt, mag noch eine Steinlaterne hinzufügen, aber eine einfache Leuchte reicht auch.

Wenn Ihre Komposition gut gelungen ist, werden Sie ein ganzes Universum sehen, sobald Sie sich einmal niedergelassen und entspannt haben. Die kleinen Felsen werden zu Gebirgen, der Sand wird zwischen den Klippen wie ein Fluss dahinfließen und die Kiesel scheinen am Meer gestrandet. Ihr Farn wird ein Wald sein.

Vor einigen Jahren entstand in Chaumont eher ungeplant ein derartig wirkender Garten, der nur mit Kräuterbüschen und Gräsern gestaltet war. Anfangs, im ersten Jahr, hatten die Landschaftsgestalter einen hügeligen Garten angelegt, der ausschließlich mit Rasen gestaltet war. Darin ging man über rohe Holzbohlen. Zwischen den Erdhügeln wirkten die Bänder aus Kies wie Wasserläufe. Den ganzen Sommer hindurch haben wir ihn besucht, da irgendetwas nicht stimmte. Bis sich irgendwann einer von uns in einem

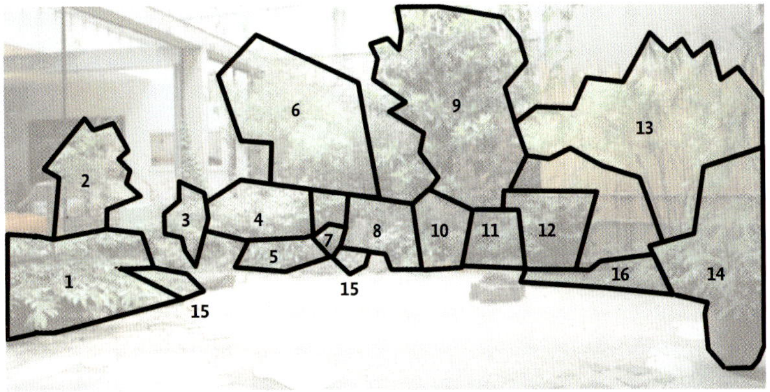

Vorherige Seite: Dieses Werk von Érik Borja zeigt in einem kleinen, zwischen Wohnblöcken eingezwängten Hof eine japanisch anmutende Bepflanzung. Von links nach rechts: 1. Japanischer Schneeball (*Viburnum plicatum*) 2. Himmelsbambus (*Nandina domestica*), 3. Fächer-Ahorn (*Acer palmatum*), 4. Tatarischer Hartriegel (*Cornus alba* 'Elegantissima'), 5. Davids Schneeball (*Viburnum davidii*), 6. Goldrohrbambus (*Phyllostachys aurea*), 7. zur Kugel geschnittener Buchs (*Buxus suffruticosa*), 8. Garten-Hortensie (*Hydrangea macrophylla*), 9. Immergrüne Magnolie (*Magnolia grandiflora*), 10. Kaempfers Azalee (*Rhododendron kaempferi*), 11. Mexikanische Orangenblume (*Choisya ternata*), 12. Sasquana-Kamelie (*Camellia sasanqua*), 13. Korkenzieher-Weide (*Salix matsudana* 'Erythroflexuosa'), 14. Zimmeraralie (*Fatsia japonica*), 15. Gefleckte Taubnessel (*Lamium maculatum* 'White Nancy'), 16. Bubiköpfchen (*Soleirolia*), Funkien und Farne.

bestimmten Winkel hockte und die außergewöhnliche Berglandschaft entdeckte. Die den Garten umgebende Buchenhecke mit etwa 2,5 m Höhe erfüllte in vollkommener Weise ihre Aufgabe, die Außenwelt abzuschirmen. Auf einen Schlag veränderte sich der Maßstab, der Mensch wurde zum Winzling in einem wilden Wald. Damit hatte der Garten das Recht gewonnen, im zweiten Jahr wieder aufleben zu dürfen, doch aus einem anderen Blickwinkel. Die Kräuter, die frei gewachsen waren, bildeten einen undurchdringlichen Dschungel. Man konnte mit allem spielen: Die bewegte Gestaltung der Kiesflächen machte sie zu reißenden Flüssen. Eine kleine Streichholzschachtel, verloren zwischen den Kräutern, wurde zu einer bunten Wellblechhütte.

Sie können einen solchen Garten schon auf 10 bis 15 m^2 Fläche oder einer Terrasse gestalten. Bei einer Terrasse legt man ein Dickicht aus Bambus und Sträuchern an, zwischen den Pflanzkörpern sollten nur ganz schmale Tritte bleiben. Ein kleiner Ahorn oder eine Azalee in einem hübschen Übertopf wären ein zusätzliches Zeichen Ihres neu entdeckten Asiengefühls. Ein Gestell aus Holzplanken sorgt dafür, dass man den Tee bequem zu sich nehmen kann.

Wenn Sie über etwas mehr Platz verfügen, können Sie in ihrem Garten umhergehen, vorausgesetzt, Sie folgen dem kleinen Steinweg, den Sie in Serpentinen auf dem Kies angelegt haben. Den Kies könnten Sie dann auch zu Wellen rechen. Nehmen Sie Platz und genießen Sie Ihr Werk.

Aber denken Sie daran, dass Sie sich von der Außenwelt unbedingt abschirmen müssen, zumindest visuell. Sonst ist der Zauber schnell zerstört.

Geborgte Landschaften

Wenn viel Platz zur Verfügung steht, können Sie den Garten als Pendant zur Landschaft gestalten oder versuchen, diese sogar einzubeziehen (japan. *shakkei*).

In vielen Gärten Japans ist der Blick auf die umgebende Landschaft ein wichtiges Kompositionselement. Eines der berühmtesten Beispiele dafür findet sich im Garten des Murin-an in Kyoto. Dieser Villengarten wurde in weiten Zügen gegen Ende des 19. Jahrhunderts angelegt. Im hinteren Gartenbereich gibt es einen wilden Wasserfall über drei Stufen, dessen Wasser von einem Berg herunterzustürzen scheint. Dieser ist im Hintergrund sichtbar und es ist nicht irgendein Hügel, sondern der Berg Hiei, einer der geheiligten Berge im Umland von Kyoto. Indem der Gestalter den Berg einfing und in die Komposition einband, hoffte er vielleicht, die magischen Kräfte des Berges anzuziehen. Im Entsu-ji-Tempelgarten aus dem 17. Jahrhundert wird derselbe Berg auf noch komplexere Weise einbezogen. Die Wirkung der Nähe wird hier sowohl durch 40 von Moos bewachsenen Felsen betont sowie durch eine niedrige Hecke, die als Einfassung dient. Zwischen diesen beiden Ebenen, im Hintergrund hinter der Hecke, bilden Bäume, vor allem Sicheltannen, und Bambus zugleich den Rahmen und das Bindeglied zwischen

Der Zen-Garten des Entsu-ji in Kyoto.
Die Achse ist auf einen ausdrucksstarken
Punkt, den Berg Hiei, ausgerichtet.
Der Mittelpunkt ist niedrig gehalten,
und der Berg wird von hohen Bäumen,
einer niedrigen Hecke sowie einer
zweiten Reihe mit Bambus gerahmt.
Man wähnt sich am Ende der Welt und
ist doch mitten in der Stadt.

„Geborgte Landschaft" in einem Garten von Érik Borja in Porto Vecchio auf Korsika. Die figürlich geschnittenen Gewächse – Buchs, *Cotoneaster* und Wacholder – ergänzen die Rundungen der Berge auf der anderen Seite des Meeresarmes.

den beiden erstgenannten Elementen. Dem französischen Landschaftsgestalter Érik Borja – Spezialist auf dem Gebiet des japanischen Gartens – gelang es ebenfalls auf bemerkenswerte Weise, Landschaften zu „borgen", vor allem in Porto Vecchio (Korsika), wo der Garten in einem Felsengewirr am Meer versinkt, direkt gegenüber von einer Bucht und den Bergen.

Das Einfangen einer Landschaft ist für jeden, oder besser fast jeden, möglich. Wir nutzen diesen Kunstgriff sogar ohne es zu wissen. Eine Kleinigkeit ist allerdings zu beachten: Die Japaner lehren uns wie man die beste Sichtachse findet und wie man den Blick rahmt. So kann ein kleiner Gartenpavillon, indem man seine Ausrichtung verändert, bezaubernde Blicke freigeben, besonders wenn der Vordergrund von Pflanzen gerahmt wird, die der Gestaltung räumliche Tiefe verleihen und die verhindern können, dass der Blick abschweift. Die geborgte Landschaft wird zu einem würdevoll gestalteten Ausblick.

Man kann aber auch damit spielen, die Vorgaben zu verkehren. Im Jahre 2005 brachte ein italienischer Landschaftsgestalter ein sehr schönes Baumaterial zum Festival von Chaumont mit: einen biegsamen, dünnen, milchigen und doch lichtdurchlässigen Kunststoff. Sobald die Sonne darauf schien, zeigten sich die Schatten der umstehenden Pflanzen darauf. Die Auswahl der Pflanzen und Gegenstände bestimmt dieses Schattenspiel: die geschlitzten Blätter des Ahorn, die Silhouette eines wolkenförmig getrimmten Baumes, ein Pflanzregal mit Bonsai-Bäumchen, eine kleine Fontäne oder ein Felsen.

Es kann jedoch auch passieren, dass man eher unerwartete Naturelemente einfängt, beispielsweise den Himmel. In der arabischen Welt wird der Himmel dank der geschlossenen Höfe eingebunden. Das Geviert aus Mauern grenzt ein Stück Himmel ein, verbindet mit der jenseitigen Welt und zeigt ein in steter Veränderung begriffenes Spiel der Wolken oder Sterne. Vergleichbares wird auch in einigen japanischen Gärten angestrebt. In der kaiserlichen Katsura-Villa in Kyoto gibt es einen „Pavillon zur Betrachtung des Mondes", was eine ähnliche Empfindsamkeit für die Stille der Natur voraussetzt. Sie möchten das auch bei sich gestalten? Es genügt, wenn man den Mond in der schönsten Zeit einfach beobachtet, um den idealen Platz im eigenen Garten zu entdecken, einen bequemen Treffpunkt, den man dann im kommenden Jahr gleichsam rituell aufsucht, um den ersten Vollmond zu feiern. In unseren Gärten findet sich üblicherweise leicht ein Fleckchen, das als Rahmen für den Himmel geeignet ist. Ein offener Rahmen oder einer mit einem großen Baum im Mittelpunkt – die Möglichkeiten sind mannigfaltig.

Die Verflechtung von Drinnen und Draußen, von gewachsener Natur und Behausung, ist der Schlüssel zur japanischen Architektur und Gartengestaltung, wie im Murin-an in Kyoto.

Kapitel 3

Licht und Schatten

Die Beziehung zwischen Schatten und Licht gehört zu den grundlegenden Elementen des japanischen Gartens und ist untrennbar mit dessen Bezug zum Haus verbunden. Dieses gegenseitige Durchdringen von Drinnen und Draußen, von gewachsener Natur und Behausung ist der Schlüssel zur japanischen Architektur und Gartengestaltung. Beim Betreten eines traditionellen japanischen Hauses ist immer zunächst das dunkle Ambiente beeindruckend, das ausnahmslos mit fest gefügtem Rahmen auf das belebte Licht des Gartens hinweist. Im Garten des Manju-in in Kyoto wird dieser Gegensatz am stärksten spürbar: Aus dem tiefen Raum der Halle heraus erblickt man den glitzernden Kies des Trockengartens (*Kare-sansui*). Drei Inseln treiben in diesem Meer perfekt geharkter Wellen. Auf jeder einzelnen schaffen kleine Kiefern und bearbeitete Steine eine unendliche, nahezu schwindelerregende Landschaft. Im Frühling trägt die Blüte der gestutzten Azaleenstauden berauschende Farbflecke bei.

Darüber hinaus werden die Kontraste noch stärker, wenn im Rahmen der Gebäudeöffnungen Kompositionen immergrüner Sträucher erscheinen: frisches Grün im Frühling, dann gedämpfte Farben zu Beginn des Sommers und schließlich Weiß, sobald der Schnee alles bedeckt. Eine kleine Steinpagode könnte aus der Masse herausragen und die Illusion von Raum noch verstärken.

Das am tiefsten beeindruckende Beispiel mag jedoch die Haupthalle des Kenroku-en in Kanazawa sein. Bei diesem relativ jungen Gebäude aus dem 19. Jahrhundert hält die Natur im Haus Einzug. Von außen aus einer bestimmten Perspektive betrachtet, wirkt das Haus bei geschlossenen Holzläden völlig normal. Die verschiebbaren Wände sind im rechten Winkel, im Tatami-Format, gegliedert. Sobald man aber diese Wände bewegt, sieht man den an der Halle entlang verlaufenden kleinen Wasserlauf in das Haus eintauchen, und die Felsen liegen noch auf ihren ursprünglichen Plätzen bis weit in das Gebäudeinnere hinein – oder sie wurden absichtlich so platziert. Rohe Felsen und starke, knorrige Bäume bilden einen Kontrast zu den seidenpaspelierten Tatami-Matten und feinen, polierten Holzpfeilern, die als Stützen der Stampflehmmauer dienen. In das gedämpfte Licht des Raumes tritt das Apfelgrün der Frühlingsmoose. Ist das Wetter schön, so setzt man sich so nah wie möglich an den Bachlauf. Ist es kalt, bleibt man im hinteren Winkel des Zimmers, nahe am wärmenden Kohlebecken. Doch in beiden Fällen begegnet man der Natur ohne trennende Scheibe. Sicherlich ist dies das schönste Beispiel für den Dialog von Licht und Schatten in Japan.

Was können wir nun also tun, in einer Welt voller Scheiben, Vorhänge und schmaler Türen, um Licht und Schatten in unsere Behausung zu integrieren? Die Antwort auf diese Frage kommt aus der Mittelmeerregion.

Der Blick auf den Garten öffnet sich vom Inneren des Hauses aus in die Weite und wird durch Bambusvorhänge eingerahmt. Das Haus ist Hort des Privaten und steht zugleich in unmittelbarem Kontakt zur Natur (Noguchi-Residenz, Karaku-en).

Im Sommer gilt es dort die Hitze und das durch Reflexion auf hellen Böden und Kalkstein oftmals noch verstärkte, gleißende Licht in den Griff zu bekommen. Die traditionelle Architektur zieht eine scharfe Grenze zwischen Drinnen und Draußen, durch dicke Mauern und kleine Fenster. In den 1970er-Jahren baute der katalanische Architekt Coderch in Barcelona eine Reihe von Gebäuden, die einen fast fließenden Übergang von Drinnen nach Draußen erlaubten. Die Eingangstüren der Bauten sind eine Art Zwischenzone, wo man langsam vom Sonnenglanz in den Halbschatten des Vestibüls vordringt.

Unter gleichen Klimabedingungen, in Marseille, kam der Architekt Maurice Sauzet zu wesentlich eleganteren Lösungen. Die Ideen des „japanischsten" aller französischen Architekten sind einfach und offensichtlich, sie sind ein Spiel zwischen Drinnen und Draußen. In Japan, wo das Klima rau ist, überrascht stets die Zerbrechlichkeit der traditionellen Häuser. Sie scheinen große Kälte oder starke Winde nicht überstehen zu können. Aber dieser Eindruck täuscht. Die von Seilen zusammengehaltenen Balken besitzen eine Biegsamkeit, durch die das Haus heftigen Winden und Erdbeben standhalten kann. Zwar lassen die Papierwände die Kälte ein, aber die Schlafgemächer liegen in der Mitte des Hauses. Man mag sich am fehlenden Licht im Inneren der alten Häuser stören, aber die meisten unserer Landhäuser sind ebenfalls sehr düster. Der Unterschied ist aber, dass man in Japan ständig auf der Suche ist nach dem Bezug zur Natur. In den Häusern, die Maurice Sauzet baut, wird die Beziehung zur Umgebung vielfältig gezeigt. Bläst der Wind stark von Westen her, so setzt man dort eine dicke Mauer. Fühlt man sich durch die Nachbarn beobachtet, wird die Zahl der Stellschirme oder Rückzugsplätze erhöht oder die Vegetation dichter gestaltet. Das Haus ist Hort des Privaten und steht zugleich in unmittelbarem Kontakt zum Garten. Wie in Japan springt auch hier das Dach weit vor und der Teakholz-Boden vor dem Hauptraum reicht bis zur Dachtraufe, um damit die Ausdehnung des Raumes zum Ausdruck zu bringen. Vegetation und Baukörper dringen ineinander. Der Kontakt zur Außenwelt vollzieht sich sanft zwischen Schatten und Licht, und man hat das ganze Jahr über etwas vom Austausch zwischen dem bequemen und privaten Hausinneren und der Natur draußen.

Einfach zu gestalten, aber effektvoll: quadratische Steinplatten im Wechsel mit Matten von Bubiköpfchen (siehe S. 154) anstelle der in unserem trockenen Klima so schwierig zu kultivierenden Moose.

Der Japanische Garten auf der Erdre-Insel in Nantes. Ein großer, gedeckter Wandelgang wie in Kyoto, der an einem einfach und natürlich gestalteten Becken entlang verläuft, das mit Schilf (*Typha latifolia*) auf einem Kieselteppich bepflanzt ist.

Kapitel 4

Ein Garten zum Betreten?

Der japanische Garten, vor allem jener des *Kare-sansui*-Typus, ist weder für Kinder noch für Hunde gedacht. Der japanische Garten dient hauptsächlich als religiöse Stätte, eigens zur Meditation für Mönche und Nonnen, und nicht als Bolzplatz. Sofern man die Gestaltung eines japanischen Gartens in Betracht zieht, sollte man das unbedingt bedenken. Der japanische Garten ist die Summe zahlreicher Künsteleien. So sind die weiten, geharkten Sandflächen nicht für das Spiel der Kinder geeignet, und das Moos darf man nicht betreten. Ein Weg am Rande dagegen erlaubt eine Entdeckung nach der anderen, gibt Verstecke und Überraschungen preis. Kurz gesagt sollte selbst ein japanischer Garten an seine Benutzer angepasst sein. Man muss Freiräume für Spiel und Entspannung lassen. In diesem Sinne hat die Stadt Nantes vor gut 15 Jahren einen sehr interessanten, japanischen Garten zuwege gebracht.

Es handelt sich um einen öffentlichen Park, der mitten in der Stadt auf der kleinen Insel *Île de Versailles* im Fluss Erdre liegt. Der Ort ist keineswegs ruhig, sondern eine Oase im Lärm der Fahrzeuge.

Mit großem Geschick wurden japanische Gestaltungstechniken mit westlichem Know-how und der Stil beider Kulturen (z. B. in der Linienführung) verschmolzen. Daher gibt es beispielsweise eine breite, schnurgerade Allee durch den gesamten Garten, was in einem klassischen japanischen Garten absolut unvorstellbar wäre. Dennoch steht die Abfolge der rechteckigen Becken und der dort mit Bambus und Iris wachsenden Pflanzen vollkommen in japanischer Tradition. Eine Furt über das Wasser wurde aus rechteckigen Betonblöcken gemacht, eine rechteckige Kiesfläche durch einen Bambushorst und durch einen Stein von komplexer Form belebt. Die Gemeinplätze des japanischen Gartens sind vorhanden und trotzdem ist das Ergebnis auch Teil unserer Kultur. Die den gesamten Garten beherrschenden Steine sind flache Platten, was man in Japan nur sehr selten sieht.

Zwei Zugangswege zum Garten sind möglich. Der interessantere Weg führt in gerader Linie auf einen kleinen, hölzernen Pavillon zu. Die Architektur ist japanisierend, aber modern und mit Schiefer eingedeckt. Am meisten beeindruckt jedoch der große, überdachte Wandelgang. In Kyoto gibt es einige dieser Galerien, die sich hügelauf und -ab winden und die man barfüßig betritt, sofern sie der zeremoniellen Umrundung eines Tempels (Perambulation) dienen. Hier erleben wir die Galerie nur von hinten, aber sie spielt eine wichtige Rolle für den Hell-Dunkel-Kontrast. Sie führt bis zum zentral gelegenen Pavillon aus Holz, der ein kleines Museum zur Unterwasserwelt des Flüsschens Erdre beherbergt. In seiner Mitte verstärkt ein Trockengarten mit

Ein Schachbrettmuster aus Moos und Stein im Tempelgarten des Tofuku-ji in Kyoto. Es versteht sich von selbst, dass man es nicht betreten darf, wollte man nicht das Verschwinden der trittempfindlichen Moose erleben!

Japanische Gärten vom Typ *Kare-sansui* – Trockenlandschaften – wurden zur Meditation angelegt und nicht zum Spazierengehen. Die Schnur, die den steinernen Pfad begrenzt, gemahnt den Besucher genau daran.

grauen, von Moos und geharktem Sand umgebenen Steinen den Eindruck von Stille. Beginnt der Rundgang im Garten, so kommt zuerst eine Reihe wild aufgetürmter Steine und dann das Ufer eines ruhigen Sees, den man mit Hilfe einiger runder Betonpfähle als Trittsteine überquert, bevor man den kleinen, sonnigen Strand erreicht. Danach taucht man in den Schatten der Bäume ein, um den Wasserfall zu entdecken. Das Geräusch des Wassers überdeckt völlig den Lärm von draußen. An dieser Stelle kommen die Menschen gerne zusammen – auf diesen Felsblöcken. Die dichte Vegetation hat noch Bäume, vor allem Kiefern, aus der Zeit vor der Umgestaltung bewahrt, doch wurde sie durch Azaleen, Pergolen voller *Wisteria*, Bambus und Buchs bereichert. Ab und zu verstärken die tellerförmig geschnittenen Kiefern und wogenförmigen Kameliensträucher den japanisierenden Aspekt des Gartens.

Diese sehr gelungene Anlage versetzt den Besucher nach Japan und auch wieder nicht. Das liegt sicher an den vielen Spaziergängern, die den Garten nutzen; sie übertreffen die Anzahl derer, die man für gewöhnlich in den großen öffentlichen Parks in Japan sieht. Hier, in Nantes, sind die Steine eher flach, vielleicht damit die Kinder gefahrlos darauf spielen können? In Japan würde niemand auf den Steinen herumklettern. Im Westen käme in einem öffentlichen Park niemand auf die Idee, die Kinder dieses wenig erhabenen Vergnügens zu berauben.

Man ist nicht in Japan, weil die Luft nicht so feucht ist. Das Wesen des Gartens entfaltet sich, sobald es regnet und der Duft der Moose und Blätter aufsteigt.

In Tokyo gibt es einen historischen Garten, Koraku-en, der mitten in einem Bündel von Vergnügungsparks, Stadtautobahnen und Sportstätten liegt. Trotz dieser Lage erlauben die dichte Vegetation und der nach innen fokussierende Gartenplan, dass man das Getöse der Stadt vergisst. In Nantes ist das ebenso.

Der dortige Garten beweist ein tiefes Verständnis japanischer Gärten, er bleibt aber trotzdem frei in seinem Ausdruck. Dass man sich bei einem Besuch nicht völlig nach Japan versetzt fühlt, mag wohl an der Bepflanzung liegen, bei der Asiatisches mit Europäischem gemischt ist. Die Blätter sind anders und ebenso die Lichtverhältnisse.

DIE ANLAGE DES GARTENS

„Für die Japaner besitzt die gesamte dingliche Welt eine Seele und diese wirkt unaufhörlich. Selbst die Ärmsten schaffen sich in ihrem zwei Quadratmeter großen Gärtchen ein ganzes Universum aus Winzigkeiten – ein zwergwüchsiges Bäumchen, drei Eierschalen, zwei Austernschalen, ein Granitbrocken von interessanter Farbe – gleichsam um sich zu beruhigen. Vereinen, Zusammentragen ist zugleich Marotte und tiefes Bedürfnis. Man findet diese Mikrowelten nahezu überall in den Wohnbezirken der Ärmsten zwischen den Mülltonnen und dem Wäscheplatz.

Nicolas Bouvier
(*Le Vide et le Plein*, dt.: Leere und Fülle)

Links: Die mit Ziegeln eingedeckte Lehmmauer im Tempel Nanzen-ji begünstigt die Meditation. Man beachte, wie die Landschaft in den Garten einbezogen ist und dass die kugelförmig geschnittenen Azaleen am Fuß der Mauer sich nicht hoch über den Erdboden erheben, um nicht den Blick auf den Hintergrund zu stören.

Unten: Eine Einzäunung aus trockenem Bambus und Astwerk begrenzt den Garten. In der Verlängerung steht eine geschnittene Kamelienhecke. Kamelien werden manchmal zusammen mit geschnittenem Bambus als Einfassung verwendet.

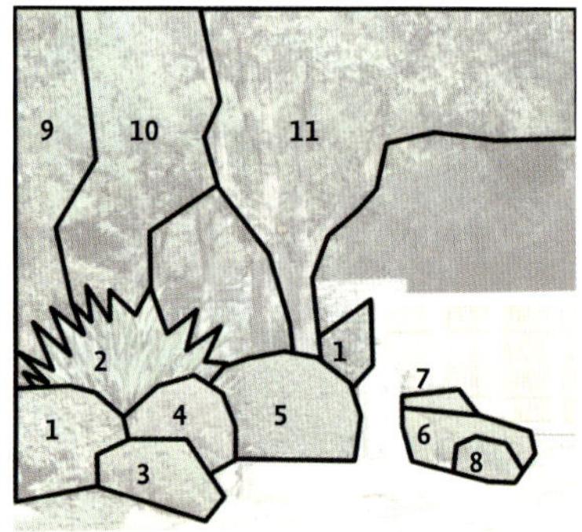

Rechte Seite: In diesem von Érik Borja geschaffenen, korsischen Garten wurde das große Tor mit Bambus verkleidet, damit es zu den in japanischem Stil geschnittenen Sträuchern passt.
1. Wintergrüne Ölweide (*Elaeagnus x ebbingei*)
2. Neuseelandflachs (*Phormium tenax*)
3. Chinesischer Klebsame (*Pittosporum tobira*)
4. Baum-Gamander (*Teucrium fruticans*)
5. Immergrüner Schneeball, Lorbeer-Schneeball (*Viburnum tinus*)
6. Buchs (*Buxus suffruticosa*)
7. Englischer Lavendel (*Lavandula* x *intermedia*)
8. Lampenputzergras (*Pennisetum* sp.)
9. Bambus (*Phyllostachys* sp.)
10. Mimose der Gärtner (*Acacia dealbata*)
11. Stein-Eiche (*Quercus ilex*)

Kapitel 1
Grundprinzipien

Die Einfassung

Der Garten ist eine abgeschlossene, ideale Welt. Daher besitzt die Einfassung des Gartens größte Wichtigkeit. Sie ist es, die die Umwelt vom gestalterischen Willen des Besitzers abtrennt.

Diese Einfassung kann eine Mauer sein, aus Stein oder strohversetztem Lehm; sie könnte aber auch eine Einzäunung aus mehr oder weniger kunstvoll geflochtenem Astwerk sein. In den Tempelanlagen Daitoku-ji oder Nanzen-ji in Kyoto schaffen die Stampflehmmauern mit Ziegelkrone ein für die religiöse Sammlung günstiges Klima. Man tritt respektvoll über die Schwelle. Im Gegensatz dazu vermitteln die Bambuszäune eher eine familiäre Stimmung.

Einen japanischen Garten betritt man demütig.
Links: Ein kleines, überdachtes Holztor eröffnet den Zugang zu einem schmalen Raum. Man muss immer weitergehen, um nach einem Richtungswechsel den Garten zu ergründen. In der Konzeption von Érik Borja (unten) markieren der Wechsel der Pflastersteine und die aufgestellten Steine den sonst von Pflanzen verhüllten Gartenzugang.

Rechte Seite:
Zu Anfang, im Schintoismus, waren die japanischen Gärten noch geheiligte Räume der Naturgeister – *kami*. Große Torbögen – *torii* – markierten den Zugang zu diesen Heiligtümern (Nanzen-in).

Der Eingang

Man betritt einen japanischen Garten nicht einfach irgendwie. Hinter dem oftmals von einem kleinen Dach bekrönten Tor öffnet sich fast immer eine enge Flucht. Man muss voranschreiten, um nach einem Richtungswechsel den Garten vor sich zu haben. Auch gibt es keine majestätisch-triumphalen Gartenportale wie bei uns. Nicht selten macht ein gespanntes Band aus Stoff die Durchgangshöhe des Tores niedriger und zwingt den Besucher, mit gesenktem Haupt einzutreten – als ein Zeichen des Respekts. Plötzlich kommt ein kleiner Unterstand mit Bank, der den Besucher einlädt, sich niederzusetzen, denn in einem privaten japanischen Garten wartet man erst ab, bis der Besitzer den Besucher mit einem Willkommenstee empfängt, ehe man in den Garten hineingeht.
Im Garten markieren weitere Tore die Trennung unterschiedlicher Szenerien und weisen auf die veränderte Situation hin. Es ist schon komisch, dass man diese Technik der Landschaftsgestaltung auch im Disney-Land Paris findet, wo gepflanzte Portale auf die Stimmung vorbereiten, die man beim Weitergehen erleben wird. Wer hätte das gedacht?

Die Kompositionsprinzipien

Die Kompositionsprinzipien leiten sich aus der chinesischen Tradition und in erster Linie aus der Gegenüberstellung von Yin und Yang ab. Die Komposition strebt also nach einem Gleichgewicht von Wasser und Steinen oder von der Fülle geschnittener Pflanzen und der Leere einer geharkten Sandfläche. Damit spielt auch die Leere eine bedeutende Rolle bei der Gestaltung japanischer Gärten. Das erklärt zudem, warum man die gerechten Sandflächen nicht betreten soll. Sie dienen als Meditationshilfe und dazu, die Atmung zu vertiefen.

In japanischen Gärten gibt es keinerlei Symmetrie. Im Gegenteil, es herrscht Komplexität, eine Vielschichtigkeit, die das Auge dazu bringt, von einem Gegenstand zum anderen zu wandern. Hier eine Gruppe kugelförmig gestutzter Pflanzen, dann ein Ahorn mit tellerförmig geschnittenen Ästen, dort ein Schimmer von Wasser zwischen zwei Felsen. Die Komplexität der Landschaft wird durch die gewundenen Wege noch rhythmisch gegliedert.

Ein kleines Geheimnis noch: die Zahl Drei. Arrangieren Sie drei Steine, pflanzen Sie drei Kugeln oder ein Vielfaches von Drei und wählen Sie Bäume von dreieckiger Form aus.

Der von Keiichi Tahara 1998 für Chaumont geplante japanische Garten trieb dieses Prinzip so weit, dass die Anlage sich auf eine terrassenförmig am Hang angelegte dreieckige Wasserfläche reduzierte. Man ging um dieses Dreieck herum abwärts und durchlief damit verschiedene Stationen. Anfangs dominierte die Draufsicht auf das Bassin und am Schluss war das Auge auf einer Höhe mit der Wasseroberfläche. Die Reflexionen des Wassers veränderten sich ohne Unterlass und zeigten die umliegende Landschaft. An einem gezielt ausgewählten Punkt im Bassin bewirkte eine kleine, dreieckige Insel aus schwarzen Kieseln und Moosen durch optische Täuschung eine Veränderung der Größenverhältnisse. Man konnte sich plötzlich am Rande eines Meeres wähnen.

In der Komposition des japanischen Gartens verleitet das Streben nach Harmonie dazu, von den Details zu einer umfassenden Vorstellung des Gartens zu finden, was im Gegensatz zu unserer europäischen Vorgehensweise steht. Die Gestaltung entsteht also durch schrittweise Weiterentwicklung während die Materialien ihren Platz finden.

Die Balance von Yin und Yang (Leere und Fülle, Schatten und Licht, Wasser und Steinen, Drinnen und Draußen) und die Inspiration durch die Natur mit dem Ziel ihre Quintessenz, ihr Wesen (Fehlen von Symmetrie, organische Formen, zufällige Anordnung, Bedeutung von Wasser und Felsen, Pflanzen, die die Jahreszeiten hervorheben) zu zeigen, das sind die Hauptprinzipien für die Komposition eines japanischen Gartens.

Oben: Der japanische Garten von Keiichi Tahara in Chaumont.

Rechts: Der Garten von Érik Borja im Drôme.

Den Plan zeichnen

Zuerst muss ein Plan der aktuellen Situation gezeichnet werden. Wo liegt das Haus? Wie ist es ausgerichtet? Welche Zimmer stimmen mit welcher Blickachse überein? Auf welche Tageszeit sind sie ausgerichtet? Diese Vorarbeit ist überaus wichtig, weil darin die gesamte Beziehung des Gartens zum Haus und zur Umgebung steckt. Es ist zudem von Bedeutung, dass der Garten mit dem Lauf der Sonne in Einklang gebracht wird. Ist man größtenteil abends im Garten, so ist es am schönsten, wenn man den Garten im Gegenlicht betrachtet. Man muss natürlich das schon vorhandene Haus einbinden, aber man könnte auch die Nutzung eines Zimmers verändern, damit es besser mit dem zukünftigen Garten harmoniert. Und auch die praktischen Seiten sollten nicht vergessen werden: Platz für Kompost, Geräteschuppen, Garage und für die Kinder eine Spielfläche braucht man auch.

Außerhalb des Gartens gelegene, mächtige Blickfänger wie wunderbare Bäume oder Landschaftselemente können in die Komposition einbezogen werden, Mauern oder hässliche Aussichten dagegen können verhüllt werden. Rasch wird man sich klar darüber, dass der Garten eine Einfassung braucht. Man kann nun mit dem Gedankenspiel beginnen. Wo soll das Wasser liegen, wo die Steine? Wie soll der Weg in den Garten verlaufen? Man wird über diese Einzelheiten nachdenken und muss dabei stets im Hinterkopf behalten, dass es um die Suche nach dem Gleichgewicht von Fülle und Leere geht. Man sollte nicht zögern, die Ideen zu verwerfen, wenn das Gleichgewicht bedroht scheint. Man schafft zum Beispiel eine erholsame oder auch störende Leere, indem man eine große Sandfläche anlegt. Unerlässlich ist es, im Garten hin und her zu laufen, um die Aussichten zu prüfen und unerwartete Achsen zu suchen.

Stauden am Fuß der Hecke: Vinca major variegata, Euonymus japonica
Weg aus gestampfter Erde (damit das Moos wachsen kann)
Dichte Pflanzgruppe mit Azalea japonica
Rhododendron
Wasserfall und von Basaltbrocken eingefasstes Becken, dazu Shishi odoshi
Zwei japanische Fächer-Ahorn auf einem Hügelchen
Bodendecker: Ophiopogon japonicus
Vogelbad: ein großer, ausgehöhlter, mit Wasser gefüllter Stein, umstanden von Ophiopogon planiscapus nigrescens, Hosta und Pinus mugo 'Mops'
Neun kugelförmig geschnittene Buxus sempervirens
Thuja-Hecke des Nachbarn
Sichtschutz aus Bambus von 2 m Höhe
Taxus baccata
Pseudosasa japonica
Werkzeug-schuppen
Iris
Eingang
Pfingstrosen
Sand
Weg mit Schiefer- oder Basaltplatten
Drei Buxus rotundifolia im Topf
Gartenmauer
Dichte Pflanzgruppe mit Kolkwitzia amabilis, Lonicera fragrantissima, Cryptomeria japonica 'Elegans Nana', Anemone hupehensis, Sarcococca humilis, Viburnum 'Eskimo', Euonymus japonica und 'Emerald Gaiety'
chtschutz aus fragendem mbus in der he von 2 m
Absperrung aus horizontalem Flechtwerk in der Höhe von 1,4 m

Kapitel 2

Der Klang in japanischen Gärten

Vor allen anderen Sinnen wird im japanischen Garten dem Hören von Klängen grundlegende Wichtigkeit beigemessen. Dieser Aspekt ist sehr bedeutend, weil er sich deutlich von der Betonung des Sehens in westlichen Zivilisationen abhebt. Die Atmosphäre eines japanischen Gartens muss ungeachtet der Gartengröße stets ruhig sein.

Die Stille ist der Freund des japanischen Gartens; eine geräuschvolle Atmosphäre außerhalb und damit mögliche Störungen wirken sich oft verheerend aus.

Die Katsura-Villa in Kyoto ist zweifellos das schönste Gebäude der Stadt. Alles atmet Feinheit und Zartheit. Und trotzdem wird seit gut zehn Jahren jeder Spaziergang dort durch den Lärm der umgebenden Stadt verdorben: Vorortzüge, Hupen, der Motorenlärm von Kleinkrafträdern, Lautsprecherdurchsagen aus Parteifahrzeugen verschmutzen den Besuch akustisch und bringen das empfindliche optische Gleichgewicht zum Einsturz. Das gleiche Übel erlebt man auch beim Besuch mancher historischer Gärten. Der berühmte Zen-Garten des Ryoan-ji empfängt die Besucher mit sich gegenseitig überschreienden Lautsprechern, und im Silbernen Pavillon plärren Horden von Schulkindern, eine lauter als die andere. Man fühlt sich darum in den historischen Gärten rasch übellaunig.

Im Gegensatz dazu betont an verschwiegenen Stätten die Stille das kompositorische Gleichgewicht von Fülle und Leere. Man hört das Zwitschern der Vögel und das Rauschen des Windes in Bäumen.

Die Japaner sind Meister in der Kunst raffinierter Geräusche für den Garten: Sie hängen kleine Metallglöckchen oder Windspiele aus Bambus auf, die im Wind klingen. Die berühmten *shishi odoshi* – kleine Wasserspiele mit Bambusröhren, die auf einen Stein schlagen – dienen schon seit langem nicht mehr dazu, das Wild zu verscheuchen, sondern wurden inzwischen zu bedeutenden Zierelementen im Garten. Im Nijo-Palast in Kyoto knarren die Planken der Gänge aufgrund von kleinen, beweglichen Metallkügelchen, die zwischen den Tragbalken und den Planken verteilt sind. Ursprünglich sollte das die möglichen, den Shogun bedrohenden Attentäter daran hindern, sich im Gebäude unbemerkt zu bewegen. Noch heute wird diese Vorrichtung regelmäßig in Stand gehalten, weil sie zu einem bedeutenden Stimmungsträger zwischen Haus und Garten wurde. Man nimmt überrascht ein Geräusch wie von Holzpantoffeln auf Kies oder den sanften Klang von Regentropfen auf einer Metallfläche wahr.

Unsere Gärten im Westen lassen hinsichtlich des Klanges jegliche Fantasie vermissen. Japan zeigt uns zahlreiche Wege. In Chaumont wurden einige davon ausprobiert, und es ist nun am Leser, weiter zu experimentieren. Die *shishi odoshi* verbreiten sich zunehmend, leicht kann man einige Abwandlungen davon kreieren. Vor einigen Jahren hat die italienische Landschaftsgestalterin Daniela Collafranchesci in Chaumont einen Garten mit *shishi odoshi* aus Metall angelegt (siehe Abbildung oben). Leuchtend rot angestrichen, und damit weit entfernt von der typischen Holzbauweise, schlugen ihre Konstruktionen auf unterschiedliche Materialien – Holz, Stein und Metall – und spielten ein erstaunliches Konzert. Raffinierter noch ließ ein anderer Italiener – Alessandro Escher – kleine Wassertropfen auf kleine Metallplatten fallen: Sorgfältig geschärfte Spachtelmesser, Maurerkellen und Wannenböden bildeten ein exquisites Orchester. Die Konstruktion war überaus einfach. Ein Kreislauf aus automatischen Bewässerungsschläuchen und kleinen, dosierbaren Tropfhähnen, die wie Stimmknäufe von Gitarrensaiten aussahen. Der Künstler Michel Hébrard hatte sogar ein richtiges Instrument aus Bambus und Steinen entworfen – ein Lithophon, bei dem der Lauf des Wassers den Bambus aneinander schlagen ließ und ein Wasserrad antrieb, dessen Schaufeln aus Stein gegen andere Steine schlugen (Bild rechts).

Der Klang macht neugierig und ermutigt zu einer Entdeckungstour durch den Garten. Ein Gong, der regelmäßig in der Ferne erklingt, bringt den Besucher dazu, den Weg zu den abgelegensten Winkeln des Gartens anzutreten. Hängen Sie in einem entlegenen Teil des Gartens einen Gong und einen Schlegel auf – und Ihre Freunde werden sicherlich davon Gebrauch machen.

Rechte Seite:
Der um einen großen Teich herum angelegte japanische Wandelgarten Ryogan-ji.

Links: Eine kleine, von Érik Borja geplante Wasserszene, die „echter als die Natur" wirkt!

Kapitel 3

Das Wasser in japanischen Gärten

Das Wasser ist eines der grundlegenden Gestaltungselemente im japanischen Garten. Es kann unbewegt sein oder auch strömen, aus einer Fontäne sprudeln oder ein hölzernes Instrument in Bewegung setzen. Manchmal befeuchtet es auch einfach die Wege, was in Japan den Gästen gegenüber ein Zeichen der Höflichkeit ist. Feuchtigkeit ist ein wesentlicher Bestandteil des japanischen Gartens.

Das Wasser erscheint in Form von Quellbächen und verteilt sich dann zwischen Felsen, was schimmernde Effekte erzeugt. Sobald das Wasser zur Ruhe kommt, lassen die im Bachbett verteilten Kieselsteine ein Kräuseln an der Wasseroberfläche entstehen. Und dann beginnt der Lauf von Neuem. Es kann sogar vorkommen, dass das Wasser endgültig im Boden verschwindet.

Ruhendes Wasser

Stille Wasserflächen finden sich oft in großen Gartenanlagen. Am Teichufer breitet sich die Vegetation aus und eine Landschaft entsteht. Dies sind die so genannten Wandelgärten für Spaziergänge. Sie bilden oftmals bekannte Orte in Japan nach, darunter den Berg Fuji, berühmte Punkte am Tokaido, der Verbindungsstraße zwischen Tokyo und Kyoto, oder den Berg Lu (in China). Der Spaziergang verläuft geruhsam, indem man an mehreren Stationen eine Pause einlegt. Im Koraku-en-Garten in Tokyo können auch Stege und eine Bogenbrücke betreten werden, die mit ihrem Spiegelbild einen perfekten Kreis bildet. An das Landleben wird durch einen Kiefernbestand, ein Reisfeld und einen Pflaumengarten erinnert. Ein kleiner Teich beherbergt Lotospflanzen, ein anderer, der von acht kleinen Brückchen überspannt wird, hüllt sich in Schwertlilien. Der Spaziergang führt weiter unter einer Treillage mit Glyzinen hindurch. Hier eine Pagode, dort ein Teehaus – und überall Wasser, ganz nah.

Ein weiteres Beispiel in Kyoto ist der Kikoku-tei-Garten. Diese große Anlage gehört den Äbten des Higashi-Hongan-ji-Tempels. 13 klassische japanische Landschaften reihen sich hier an Wasserläufen und Brücken aneinander. Dieser Ort, der nicht ganz so strenger Pflege unterzogen wird, erscheint umso schöner, je weniger Besucher sich dorthin verirren. Er vermittelt den Eindruck, dass die gekonnt gestaltete Landschaft betreten werden darf, was auch der Fall ist. Besonders der kleine Teepavillon oberhalb des Teiches lädt zum Entspannen und Tagträumen ein. In zahlreichen Gärten schließt das Wasser mit einem sorgfältig aus flachen Steinen im Fischgratmuster gestalteten Ufer ab. In Katsura gibt es einen sehr alten Kiefernbonsai als Abschluss einer winzigen Halbinsel. Derartige Ideen können aufgenommen werden, so

Der orientalische Garten in Maulévrier
mit Khmer-Tempel im Frühling.

Rechte Seite:
Das Nebeltal in Chaumont ist eine Stilübung, die darauf abzielt, die Illusion eines Wasserfalls in einem japanischen Tal zu schaffen. Die Pflanzen, die das Tal überziehen, wurden von dem Botaniker Patrick Blanc in Japan gesammelt.

Nachfolgende Doppelseite:
Zwei sehr schöne Beispiele für die Steinsetzung bei Wasserfällen. In Murin-an (links) schlängelt sich das Wasser zwischen Felsen hindurch und man kann sogar in der Mitte hinaufsteigen. Rechts ist die Kaskade des Taisen-in zu sehen.

wie im 18. Jahrhundert, als die Asienbegeisterung die Adeligen bei der Anlage ihrer großen europäischen Landschaftsparks oder dem Orientalischen Garten in Maulévrier leitete. Dann erzählt der Spaziergang eine Geschichte, die die Ihrige sein könnte.

Bewegtes Wasser

Aber das Wasser kann auch lebendig sein, bewegt durch Strudel und Wasserfälle. In Murin-an, Kyoto, ist der Wasserfall perfekt in den Hintergrund eingepasst, damit man ihn vom Hauptraum des Hauses aus betrachten kann. In der Ferne vom Berg Hiei überragt, scheint er frisch von diesem herabzustürzen. Er bringt eine gewisse Ungezähmtheit mit sich, bevor sein Wasser in den Teich in der Mitte des Gartens fließt.

Das „Nebeltal" in Chaumont kommt als japanische Stilübung diesem Gestaltungsmotiv gleich. Hier wurden die von unseren Asienreisen mitgebrachten Pflanzen gesetzt. Alles wurde so angelegt, dass das gesamte vorhandene natürliche Gefälle des kleinen Tales ausgenutzt wurde.

Oben sprudelt eine Quelle im Schutz von Ahornbäumen hervor. Ein mächtiger Stufenwasserfall lässt das Wasser von Fels zu Fels spritzen. Dann beruhigt eine Buhne mit Kieselbett das Wasser vor einem neuerlichen steinernen Gefälle. Dort wächst Kalmus. Weil seine Wurzeln sich in den Scharten der Felsen festsetzen, kann er sogar im Fließgewässer gedeihen. Auf einer kleinen Insel sind die Steinlaterne und ein *shishi odoshi* die einzigen greifbaren Verweise auf Japan. Es folgt ein kleiner Teich, in dem Karpfen leben. Schließlich nimmt das Wasser an einem starken Gefälle seine Abwärtsbewegung wieder auf, strömt durch ein von Nebel verhülltes Moor und fließt durch ein chinesisches Tor davon.

Ein Spaziergang durch dieses Tal führt über die Holzstege, die sich an die Geländeformation des Tales anlehnen. Diese Stege, die an die gedeckten Wandelgänge der Tempel in Kyoto erinnern, queren einander, führen zu Aussichtstürmen und eröffnen Ausblicke. Sie erlauben es, erhöht oberhalb des natürlichen Bodenniveaus zu wandeln.

Die das Tal überspannenden Bäume schaffen jenen Halbschatten, den die unten in der Senke ausschließlich gedeihenden asiatischen Pflanzengemeinschaften bevorzugen.

Obwohl es nicht explizit zum Ausdruck gebracht wird, versinkt man hier durch die allgegenwärtige Feuchtigkeit und das gedämpfte Licht völlig in der Atmosphäre eines japanischen Gartens.

Der spiralförmig angelegte Garten von Fumiyaki Takano in Chaumont, ein Symbol für die Lebensenergie vom Anfang bis zum Ende.

Rechte Seite: Das Thermalbad in Vals (Schweiz) von Peter Zumthor. Stein ist hier allgegenwärtig. Das Spiel von Licht und Schatten schafft eine einzigartige Welt, bei der Drinnen und Draußen zu verschmelzen scheinen.

Das Wasser als Symbolträger

Wasser trägt die symbolische Bedeutung des Lebens in sich. Abgesehen davon kann aber auch die Formgebung zum erweiterten Symbolträger werden. Daher haben die Teiche oft die Form von chinesischen Schriftzeichen, wie jener im Moosgarten in Tokyo. Der Teich des Tempels Joei-ji in Yamaguchi ähnelt dem Schriftzeichen „Herz". Hier leben Karpfen, hier findet man Inseln, seien es nur aus dem Wasser ragende Steine oder auch echte Inseln. In Kyoto in der Tempelanlage Sambo-in gibt es einen Teich in der Form einer Sake-Flasche, den der Abt und Erbauer des Gartens besonders schätzte.

Für Chaumont entwarf der Landschaftsgestalter Fumiyaki Takano, Architekt des modernen japanischen Gartens im Park Albert Kahn in Boulogne, einen Garten, in dem das Wasser eine komplexe Rolle spielte. Dieser Garten war sehr interessant, weil er symbolträchtige Brücken zwischen Frankreich und Japan spannte. Der Gartenplan basierte auf der Form einer Spirale. Man weiß, dass die Spirale eine universelle, Struktur ist, welche sich auch in der gewachsenen Natur findet, zum Beispiel bei den Ranken der *Ipomoea* (Prunkwinde) oder bei einem Schneckenhaus, und dass sie mit der Entstehung von Kraft assoziiert wird. Der Garten war als Strudel gedacht, der in der Erde versinkt. Das Wasser brach entweder aus dem Boden hervor oder fiel vom Himmel. Es wurde durch Spiralformen eingefangen, die es in die Mitte des Gartenstücks führten, wo es in einem Terrakottatopf verschwand. Der Kreislauf des Wassers war geschlossen.

Die umliegende Landschaft wurde einbezogen, in erster Linie der Amboise-Turm des Schlosses von Chaumont, dessen blaues Schieferdach mit einem ruhig dahingleitenden Wasserlauf kommunizierte. Vom weißen Platz aus konnte man die Spirale überschauen und ihre Energie wahrnehmen. Der rote Bereich zeigte die Beziehung zwischen Garten und Schloss. Blau, Weiß und Rot – die Farben der französischen Nationalflagge. Es ist nicht sicher, ob viele Besucher die Symbolik dieser Farben verstanden haben, einer Symbolik, die die Begegnung der östlichen und westlichen Kulturen zeigen sollte.

Das Wasser und das Bad

Warum nicht davon träumen wie die Japaner im Garten zu baden? In Japan nämlich brachte die Vielzahl von Thermalquellen eine Kulturtradition hervor, die sich „Onsen" nennt. Man badet überall in den Bergen in manchmal brühend heißem Wasser. Doch man badet auch in öffentlichen Badehäusern und oft in den Ryokan – traditionellen japanischen Herbergen. Vor etwa zehn Jahren hat der Schweizer Architekt Peter Zumthor in Vals (Graubünden) ein Thermalbad erbaut, das die japanische Tradition vereint. Gestein ist dort allgegenwärtig, das Spiel von Licht und Schatten schafft eine einzigartige Welt, bei der man das Gefühl hat, in einer Landschaft umherzuspazieren. Drinnen und Draußen scheinen zu verschmelzen. Hier, wie in Japan, hat das Bad eine beruhigende und zugleich fast religiöse Bedeutung; eine Wohltat für die Seele.

Leider sind bei uns die Thermalquellen spärlicher, aber man kann ebenso am Wellness-Trend teilhaben und ein Badebecken aus Stein bauen, das an eine natürliche Quelle erinnert. Statt eine scheußliche Form und ebensolche Farben aus beschichtetem Plastik zu nehmen, sollte ein guter Maurer das genauso leicht wie ein kleines Schwimmbecken bauen können. 2 m Seitenlänge und 60 cm Tiefe genügen. Ein solches Bad in einer Ecke des Gartens, geschützt vor den Blicken der Nachbarn, anzulegen und darin heiße Bäder mit der Familie zu nehmen – ein Traum, wenn die schlechte Jahreszeit kommt.

Rechte Seite:
Dieser riesige Felsbrocken wurde geschickt bearbeitet, um einen natürlichen Eindruck zu machen.

Die Pflastersteine markieren eine Schwelle und stimmen den Besucher auf die Veränderung der Atmosphäre ein (Érik Borja).

Kapitel 4
Trockenmaterialien

Steine

Steine in verschiedensten Variationen spielen bei der Gestaltung japanischer Gärten eine Hauptrolle.
In Japan haben sie eine religiöse Funktion – sie beherbergen Geisterwesen. Man sucht sie in den Bergen oder in Flussbetten. Mit großer Sorgfalt ausgewählt, werden die Steine manchmal weite Strecken transportiert. Wenn heute der Transport auch leicht geworden ist, so sollte man sich jedoch die Schwierigkeiten ins Gedächtnis rufen, die man im 12. oder 18. Jahrhundert damit hatte.
In der Gartenanlage des Sanjo-Palastes, den Hideyoshi Toyotomi in Kyoto nachbauen ließ, sind die vielen in Form, Farbe und Größe zu harmonischen Dreiergruppen zusammengestellten Steine, die aus allen japanischen Provinzen herbeigeschafft wurden, ein Symbol für die wirtschaftliche und politische Macht des Shogun – des ersten, der jemals eine derartige Anlage zu schaffen vermochte.

Der Garten von Shodo Suzuki in Chaumont wurde mit eigens ausgewähltem Vulkangestein gestaltet, das man aus China per Schiff anlandete.

Der Steinmarkt in Kyoto. Die alten Steine mit der Patina der Jahre entfalten einen unvergleichlichen Zauber.

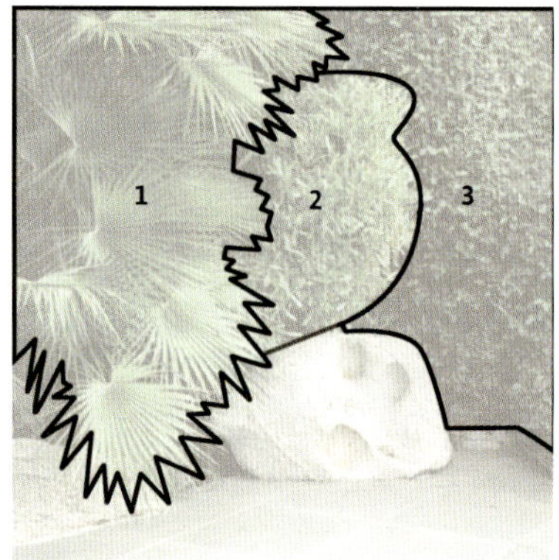

Rechte Seite:
Bei dieser korsischen Terrassengestaltung in japanischem Sinne von Érik Borja wurde ein großer Granitbrocken verwendet, der in typischer Art und Weise von Erosion durch Wind und Brandung gezeichnet ist.
1. Chinesische Hanfpalme (*Trachycarpus fortunei*)
2. Phyllirea (*Phyllirea angustifolia*)
3. Immergrüner Schneeball, Lorbeer-Schneeball (*Viburnum tinus*)

Wir selbst haben diese Tradition fortgeführt, indem wir vom Vulkan Stromboli große Brocken Vulkangesteins herbeischaffen ließen, die ihr Leben als „Reisende", als Teil der stetigen Umgestaltung der Gärten fortführten.
Es ist keineswegs erstaunlich, dass bestimmte Steine zu Wertgegenständen avancierten, einen Namen erhielten und zu bestimmten Zeiten im Jahr mit wertvollen Stoffen verhüllt wurden.
Wieder verwendete Steine werden in Japan sehr gesucht. Ihre Patina und ihre Altehrwürdigkeit bestimmen ihren Wert.
Es ist problemlos möglich, große Steine in unseren Gärten unterzubringen. Die Suche nach ihnen in der freien Natur lehrt uns, einen wüsten Steinhaufen oder ein Bachbett mit anderen Augen zu sehen. Man braucht den Spürsinn eines Entdeckers.
Zuerst muss man lernen, sie anzuschauen. Denken Sie also bei einem Spaziergang daran, die Steine genau zu betrachten, zu erkennen wie sie aufgebaut sind und welche Formen vorherrschen. Halten Sie sich an das, was die Steine erlebt haben – vom Wasser rund geschliffen, vom Steinschlag zersplittert, von der Gischt zerfurcht, mit Altersspuren.
Schließlich müssen sie geholt werden. Die erste Frage ist, wem ein Stein gehören könnte. Ist der Besitzer einverstanden, ihn herzugeben – oder zu verkaufen? Bei uns gibt es leider keine dieser großartigen Steinhändler, die man beispielsweise im Umland von Kyoto findet. Es bedarf vielleicht des Verhandelns und man sollte sich der Mithilfe eines regional ansässigen Handwerkers versichern. Der könnte sehr nützlich werden, wenn es darum geht, weit ab, am Ende eines kaum befahrbaren Weges den begehrten Stein aus dem Boden zu befreien. Doch sollte man sich vor zu viel Enthusiasmus hüten. Ich erinnere mich an einen Stein, der uns bezaubert hatte. Nachdem er mit viel Schweiß und Mühe nach Hause geholt war, entpuppte er sich als vollkommen banal und endete in einer abgeschiedenen Ecke. Man nutzt am besten die Möglichkeiten einer Digitalkamera für einige Bilder und „platziert diese zur Probe" nach der Rückkehr von der „Jagd".
Im Garten von Piero Veraldi in der Auvergne waren einige Steine „heimisch" und wurden nur von der sie bedeckenden Erde befreit. Andere wurden aus der Umgebung herbeigeschafft und so weit in den Boden versenkt, bis das visuelle Gleichgewicht gefunden war.
Die Platzierung von Steinen ist wirklich sehr wichtig. Mancher Stein muss aufragend positioniert werden, manch anderer wirkt besonders gut auf dem Boden liegend. Man muss seinen Schwerpunkt bestimmen. Steine können auch als Unterbau für die Verandapfosten dienen, oder als Stufen vor dem Haus.
Eine Reihe flacher Steine erlaubt die Anlage eines Weges über das Wasser. Diese Liebe zum Detail und die Sorgfalt bei der Auswahl der Steine, die uns weitgehend fremd sind, spielen eine deutliche Rolle bei der Gestaltung des direkten Hausumfeldes, da der Stein das Bindeglied zwischen Drinnen und Draußen darstellt.

Unten:
Die Beobachtung der sie umgebenden Natur – die Art, wie die Felsen im Katsura-Fluss bei Kyoto die Oberfläche durchbrechen – beeinflusste die Art und Weise, wie Japaner Gärten gestalteten. Sie ließen sich von gewachsenen Szenen inspirieren, ohne sich davon versklaven zu lassen, was ja schon das älteste Gartentraktat Japans, das Buch Sakuteiki, empfiehlt.

Rechte Seite:
Érik Borja ließ sich ebenso wie die japanischen Gestalter von natürlichen Szenerien inspirieren, als er die Teichufer in seinem Garten gestaltete.

Im Sakuteiki, einer sehr alten Abhandlung über die Kunst der japanischen Gartengestaltung, geschrieben von einem unbekannten Edelmann am Hofe des Japanischen Kaisers Ende des 12. Jahrhunderts, kann man einige Ratschläge lesen.

„Wähle einige Plätze innerhalb des Anwesens unter Beachtung der Gestalt des Terrains und der Teiche aus, und schaffe eine ehrwürdige Stimmung, indem Du Dir *die Erinnerungen an die ungestaltete Natur wieder und wieder ins Gedächtnis rufst.*

Lasse Dir die herausragenden Schöpfungen früherer Meistergärtner zum Leitfaden gereichen, wenn Du einen Garten gestaltest. Schenke den Wünschen des Hausherrn Beachtung und *folge auch dem eigenen Geschmack.*

Betrachte die berühmten Landschaften unseres Landes und erreiche ein Verständnis für ihre interessantesten Flecken. Schaffe das Wesentliche dieser Szenerien in den Gärten nach, doch *gehe dabei frei vor, nicht streng nach dem Vorbild.*" (Sakuteiki; Ulmer-Verlag Stuttgart, 2005, S. 119).

Durch den deutlichen Hinweis auf die guten Ratschläge zum Aufstellen der Steine können wir uns nun von dem im Westen gepflegten Klischee freimachen, dass japanische Gärten nach strengsten Regeln gestaltet wurden, in denen die gärtnerische Freiheit keinerlei Platz hatte.

Aus dem 800 Jahre alten Traktat erfährt man außerdem, dass Steine nach Kraft, Ungeschliffenheit und Grobheit ausgesucht und vor allem nach ihrer natürlichen Qualität ausgewählt und verwendet wurden.

Rechte Seite:
Wenn Felsen von „gewachsener“ Form verwendet werden, um die Erinnerung an einen reißenden Fluss oder Bergsee zu wecken, dann nutzt man regelmäßig behauene Blöcke für den Aussichtsplatz, von wo aus der Wanderer die Szene betrachtet, den Pavillon. Symmetrie wird bei den Blöcken ebenso sorgfältig vermieden wie in der übrigen Anlage. Man beachte, wie in diesem Beispiel die Kaskade im Verhältnis zur Hauptblickachse verschoben ist. Es ist ein perfektes Gleichgewicht (ein Arrangement von Érik Borja).

Eine wilde Miniaturlandschaft im Garten von Érik Borja. Im Durcheinander der vom Landschaftsgestalter gesetzten Steine haben sich unkontrolliert Moose, Wolfsmilch und Storchschnabel breitgemacht und bilden eine „Kurzfassung der Natur“. Es kommt für den Gärtner keineswegs in Frage, diese Unkräuter auszumerzen.

In den modernen japanischen Gärten dürfen die Steine auch sanft sein, zart, rau, geädert, voller Riefen oder glatt. Ihre Färbung, Größe, Form und Gesteinsart variieren.

Auf jeden Fall werden nicht die aufreizenden Formen gewählt. Ein Stein kommt nicht in die Wahl, weil er sich von anderen unterscheiden würde, sondern aufgrund der Art wie er mit anderen Steinen zusammen wirkt. Ein Stein ist niemals alleine. Günter Nitschke hat das passend zum Ausdruck gebracht: „Alles wirkt, als habe der Landschaftsarchitekt der Muromachi-Zeit tiefere Kenntnis von der Natur der Steine gehabt, die erst mit der Art der Aufstellung im Garten sichtbar würde.“

Flache und aufgerichtete Steine werden so kombiniert, dass sie einen Eindruck von Dynamik, von Leben und Bewegung vermitteln. Der geharkte Sand oder Kies hingegen, dessen unterschiedliche Intensität, Textur und Farben einen Kontrast zum Gesamtarrangement bilden, stellt die Wellen eines ruhigen Sees, die heftigen Wogen eines wilden Meeres oder sogar die Schnellen eines Baches dar, die einen Berg anfressen.

Als Hauptregel gilt die Zusammenstellung in ungerader Zahl. Drei Steine sind die Grundlage. In der japanischen Gartentradition versinnbildlichen sie das Universum – Himmel, Erde und Mensch. Sie gründen den Garten, das Universum in Miniaturform.

Die für die Wege verwendeten Steine bringen eine anderes Element in den Garten ein: Sie bestimmen die Art und Weise des Ortswechsels. Dicht

platziert zwingen sie zum langsamen Gehen, licht platziert ermöglichen sie größere Schritte. Kleine Steine halten zur Sorgsamkeit an, große geben Sicherheit. In einem japanischen Garten geht man fast nie geradeaus. Die Steine beschreiben Kurven oder Zickzack-Linien, die man auch „Flug des Kranichs" nennt. Ist ein Pfad gerade, so wird er mit verschieden großen Steinen unterschiedlicher Form angelegt, wobei natürlich geformte Steine und geometrisch behauene Steine kombiniert werden. Diese Arrangements zielen alle darauf ab, die Natur zu imitieren und Miniaturlandschaften zu schaffen. Einer der ältesten Steingärten Japans – Saiho-ji, mit volkstümlichem Namen Kokodera, in Kyoto – sieht auf den ersten Blick wie ein lockeres Durcheinander von kleinen Steinbrocken an einem Hang aus. Wenn man ihn näher betrachtet, dann wirkt die Szene wie ein Meeresufer mit Felsen, die zum Wasser hinunterkullern. In der Tempelanlage des Daisen-in findet sich ein sehr schmaler Garten, der ein ganzes Universum verkörpert: im Hintergrund durch aufgerichtete Steine versinnbildlichte Berge, eine Abstufung der Ebenen bis zu einer „Wasserfläche" aus geharktem Sand, eine Brücke zwischen zwei Felsen und ein Stein in Form eines Bootes, das den Fluss befährt.

Der Landschaftsgestalter des japanischen Gartens in Nantes hat die Steine besonders hervorgehoben. Es ist Granit – der für die Bretagne quasi emblematische Fels. Die Felsen sind „hergerichtet"; manchmal grob mit Hieben im Fischgratmuster behauen, stellenweise auch mit regelmäßigen Platten

Als Hauptregel gilt die Zusammenstellung in ungerader Zahl. Drei Steine sind die Grundlage. In der japanischen Gartentradition versinnbildlichen sie das Universum – Himmel, Erde und Mensch. Ein westlicher Geist gibt sich mit der Tatsache zufrieden, dass die ungerade Anzahl die Symmetrie vermeiden hilft und die Suche nach der Balance vereinfacht.

Oben:
Die Loire-Landschaft in den Gärten Albert Kahn.

Rechte Seite:
Beispiele für Zusammenstellungen von drei oder fünf Steinen, ein feines Gleichgewicht im Arrangement von Yin-Steinen (liegend) und Yang-Steinen (aufragend).

Einer der Gärten innerhalb der Tempelanlage Daisen-in verkörpert ein Universum en miniature: Berge im Hintergrund, aus aufragenden Steinen geschaffen, eine Staffelung der Ebenen bis hinunter zu einem durch geharkten Kies angedeuteten Wasserlauf.

gemischt ragen sie aus dem Boden der Terrasse hervor oder scheinen auf der Stelle in einen Wandelgang hineinzukrachen. Auch wenn die Komposition inhaltlich nicht so stark aufgeladen ist wie in japanischen Gärten, bringt sie deren Stimmung dennoch gut hervor, vor allem im Bereich des Teichufers und am Wasserfall. Die Mehrzahl der Steine scheint immer schon hier gewesen zu sein.

Kieselsteine

Die Kieselsteine spielen eine bedeutende Rolle in den Gärten. Alle möglichen Formen und Größen können eingesetzt werden, doch besonders herausragend sind die kleinen flachen Kiesel von runder oder ovaler Form, die man wie Fischschuppen auslegt. Selten werden ein künstlicher Wasserlauf oder ein Wasserfall *nicht* mit sorgfältig ausgewählten Kieseln bestückt. Heutzutage, da man die nach Größen sortierten Kiesel problemlos in großen Mengen im Baustoffhandel findet, kann man einen kleinen Teich leicht „japanisieren". Der feinste Kies, oft aus Granit, dient als Bodenbelag der Trockengärten *kare sansui*. Er lässt sich gut rechen und bleibt lange Zeit in der gegebenen Form. Wenn man eine kleine Ecke mit gerechtem Sand anlegen möchte, so empfiehlt sich eine Feinkiesgröße, die grober und schwerer als Sand ist.

„Kullernde" schwarze Kieselsteine zwischen den Felsbrocken und den Hanfpalmen lassen an das Bett eines Wildbachs denken.

Das Geheimnis der Sandwellen: ein großer Holzrechen, den man selbst herstellen kann.

Rechte Seite:
Ein Meditationsgarten, der an das Meer erinnert, aus dem einige Inseln aufragen. Im Vordergrund steht eine Zwergmispel, die durch den Schnitt wie ein vom Sturm gepeitschter Baum wirkt. Die verschiedenen räumlichen Ebenen und die schrittweise Verengung der Mittelachse vergrößern den Raum künstlich (Gestaltung von Érik Borja).

Sand

Durch den Sand werden Sie zu Seeleuten auf der Reise zu fernen Gestaden. Der Sand japanischer Gärten besteht aus verwitterten Kieseln, nicht feinem Flusskies. Er setzt sich leicht und erlaubt die Gestaltung von Bildern. Die Motive erinnern entweder an komplizierte geometrische Strukturen oder das Meer. Man kann einen ruhigen Ozean oder einen Sturm imitieren. Mit einem großen, besonders gestalteten Rechen gelingt das Spiel besonders gut. Die Motive können unendlich abgewandelt werden. Zu Anfang sollte man sich von japanischen Vorbildern inspirieren lassen. Bei der Betrachtung der zahlreichen Bücher zum Thema wird man entdecken, dass der Sand zu Kreismustern gerecht werden kann, schuppenförmig, im Schachbrettmuster, zu engen oder weiten Kurven. Man könnte auch wie im Silbernen Pavillon in Kyoto perfekte Sandkegel aufschütten. Mit einiger Übung schafft man es sogar, wie im Ryogen in Kyoto, drei oder vier verschiedene Niveauhöhen von Sand zu gestalten. Man fragt sich jedoch, wie einige der Meisterwerke entstanden sein mögen: Wie haben die Japaner die konzentrischen Kreise inmitten der parallelen Linien hinbekommen – zum Beispiel im Tofuku-ji in Kyoto? Und mit der Zeit wird man sich von den Vorbildern befreien und einen eigenen Stil entwickeln.

Für die Buchmesse in Nancy im Herbst 2005 hatten wir die Idee, uns von gerechten Sandflächen aus Japan inspirieren zu lassen, um zwei sehr große Trockenbeete auf dem Place de la Carrière zu gestalten. Wir haben den hel-

Dieser japanische Garten ist erstaunlicherweise in Schweden! Die Kiesflächen und einige natürliche Felsen verströmen eine Atmosphäre von Frieden, Ruhe und Kontemplation.

Ein natürlicher Belag auf den Wegen führt den Besucher im Rhythmus des Wegeverlaufs und des Abstandes der Steine voran.

len Kies durch schwarzen, glänzenden Metallsplitt ersetzt. Das durch den Rechen verursachte Wellenspiel wirkte geradezu dramatisch – wie ein aufgewühltes Meer. Hier und da wurden asiatische Kalligraphien aus verschiedenfarbigem Sand – golden, rot, grün usw. – mit Schablonen aufgemalt. Man konnte sich gut vorstellen, am Eingang zu einem bedeutenden Palast in China oder Japan zu stehen.

Für einen gelungenen Sandgarten empfiehlt sich Folgendes. Der Sand sollte auf ebener und trockener Fläche ausgebracht werden, eine dünne Betondecke wäre ideal. Ein windgeschützter Platz ist zu wählen, da der Wind der Feind der Muster ist. Ein Zusatz sollte dem Sand beigemischt werden, damit er besser „klebt" und die Muster nicht zu schnell vergehen. Die Sandschicht sollte nicht mehr als 7 oder 8 cm stark sein. Weiterhin ist Vorsorge zu tragen, dass der Sand eventuell nachgefüllt werden kann. Trotz des Harkens neigt der Sand dazu sich zu setzen. Daher muss man ein oder zwei Mal im Jahr wieder bei Null anfangen und die gesamten Muster neu anlegen. Der Vorteil ist, dass es Spaß macht und man das Motiv verändern kann. Und außerdem wird so das Unkraut unterbunden.

Wege und Übergänge

Erde als Wegebelag

Auf Pfaden mit Erdbelag bewegt man sich in Japan nur in den riesigen Landschaftsgärten. Und die Wege sind zudem von Bambusbogen (halbkreisförmig gebogenen Bambusstangen) eingefasst. Damit ähneln diese Gärten unseren öffentlichen Parks: Das Betreten des Rasens ist verboten, das Verlassen der ausgewiesenen Wege ebenso.

Doch die Japaner sind offen für Stimmungseindrücke und nutzen oftmals überraschende Materialien oder Konstruktionstechniken. Fumiyaki Takano hat deshalb eine sehr komplexe Bodengestaltung in einem von ihm konzipierten Park angelegt. Die Fläche wurde geebnet, das Bodenniveau abgetragen, eine Folie gegen Durchwuchs ausgelegt und dann eine weiche Schicht aufgebracht, der ein etwas härterer Belag folgte. Zweck war, so der Landschaftsgestalter, lautlos vorübergehen zu können, weil es so viele Tiere gab. Ein anderes ausgeklügeltes Beispiel, diesmal in Chaumont, ist der mit Kiefernnadeln eingestreute Boden des Tunnels von Hiroshi Teshigara. Er muss jeden Morgen mit der Harke aufgelockert werden, damit er unter den Schritten geschmeidig bleibt. Diese Beispiele machen nachdenklich, denn sie zeigen, wie wenig wir uns um die Art und Weise des Bodenberührens kümmern, obwohl sie den Gang bestimmt und somit auch irgendwie das Verhältnis zur Umgebung.

Die verschiedenartigen Pflastersteine sollen den Besucher für die Kultiviertheit des Gartens empfänglich machen. Zudem schützen sie vor Schlamm und Taunässe. Übergänge werden wie hier oft durch eine Veränderung der Pflasterung signalisiert (Gestaltung von Érik Borja).

Die Beispiele lassen auch an neue Lösungen denken, wie zerkleinerten Kautschuk für einen weichen und lautlosen Tritt oder zerstoßenes Glas, weil es schön aussieht aber uns instinktiv dazu bringt, vorsichtige Schritte zu machen.

Steine als Wegebelag

Mit Steinen gepflasterte Wege spielen eine tragende Rolle im Ritual des Gartenbesuchs. Die verschiedenartigen Pflastersteine und die Komplexität ihrer Abfolge sollen den Besucher darauf vorbereiten, die Kultiviertheit des Gartens – oder genauer noch die Kultiviertheit des Gastgebers – zu ermessen. Außerdem haben sie noch einen weiteren Vorteil: In einem feuchten Land wie Japan schützen sie den Wanderer vor Schlamm und Feuchtigkeit durch Tau.
Es gibt unendlich viele Musterungen und etliche basieren auf der Wiederverwendung von Steinen. Mühlsteine und viereckige Steinplatten bereichern die Pflasterungen, die damit ganze Geschichten zu erzählen scheinen. Es ist recht einfach, bei uns derartige Passagen durch die Kombination von höchst unterschiedlichen Steinen zu gestalten. In Japan sind diese Pflasterungen gewöhnlich sehr ausdrucksstark, beispielsweise ziemlich schmal. Die Vielfalt findet sich im Inneren des rechteckigen Rahmens und auch außerhalb, da die strenge Struktur es erlaubt, der Vegetation um das Wegband herum freien Lauf zu lassen, quasi als Ausgleich. Das völlige Gegenteil unseres westlichen Systems schnurgerader Wege!

Verschiedene Beispiele für Wege: Sie werden mit Materialien in natürlichen (rundlichen, ovalen oder zufälligen) oder mit künstlichen (quadratischen, rechteckigen, kreisrunden, dreieckigen) Formen gestaltet, die entweder regelmäßig oder unregelmäßig zusammengesetzt werden. Die Art des Materials steht im Vordergrund. Man sollte wie die in der Kombination verschiedener Materialien geschickten Japaner nicht zögern, Steine unterschiedlicher Formen und Farben zu gebrauchen und auch Fundstücke wieder zu verwenden.

Rechte Seite:
Ein sehr schöner Wegbelag aus Steinen, entworfen von Érik Borja.

Rechte Seite:
Der Weg über das Wasser im Heian Jinju in Kyoto symbolisiert das Rückgrat eines Drachens. Hier sind es zweckentfremdete, alte Mühlsteine; die Gestaltungstechnik wird *mitate* genannt.

Nebenstehende Abbildung:
Eine nette Idee für eine Furt: Man muss seitwärts auf ihr gehen – ein garantiert japanischer Hauch mit großer Feinsinnigkeit. Dieser „indirekte" Übergang befindet sich in den Gärten Albert Kahn.

Im Gegensatz zu diesem Gestaltungsprinzip kann die Pflasterung der Wege auch aus flachen Steinen grober Form bestehen. Der Weg kann gemächlich zwischen Moosen verlaufen oder die Richtung wechseln, um einen besseren Blick auf eine interessante Gestaltung zu eröffnen.

Manche Wegoberflächen zeigen auch eine Abfolge von geometrisch geformten Steinen: Quadrate, Rauten oder streng behauene Steinen im Wechsel mit Flusskieseln. Beeindruckend ist die für solche Arrangements erforderliche Begabung. Jeder gestalterische Zug innerhalb eines Gartens mit japanischer Seele muss durchdacht, erprobt und für tauglich befunden werden. Der Landschaftsgestalter Érik Borja hat in der Drôme sehr schöne Wegoberflächen aus Stein geschaffen, vor allem in der Kombination aus regelmäßigen *shiki-ishi* und unregelmäßigen *tobi-ishi*, Trittsteinen, bei der große, einen Wasserlauf imitierende Kiesel eine Passage aus großen Steinplatten schneiden. Hier ist die Anpassung des japanischen Stils an die europäische Landschaft vollkommen gelungen (siehe die Seiten 8 und 68).

Wege über das Wasser

Das gleiche System kommt bei einem Weg über eine Wasserfläche zur Anwendung. Im Garten des Heian Jinju in Kyoto sind es ausgediente Mühlsteine, die aus den Ruinen eines alten Tempels geborgen wurden und nun den Schritten über das Wasser dienen. Häufig sind es runde Formen, die den Gang über das Wasser ermöglichen. Große Steinplatten können ebenso als Furt dienen. Und dann achtet der Landschaftsgestalter noch darauf, sie so zu platzieren, dass die Gefahr der Überquerung zu spüren ist. Der Gang durch einen Garten in japanischem Stil ist eine Folge von Prüfungen und Sinneseindrücken.

Eine aus zwei schlichten Steinplatten errichtete Brücke in einem öffentlichen Park in Kyoto.

Die Brücken

Das allgegenwärtige Wasser ließ unzählige Brücken entstehen. Die Formenvielfalt ist unendlich. Im Tempelgarten des Sambo-in in Kyoto findet sich eine ganzes „Brückenalphabet“: ein einfacher Stein zum Überqueren eines Flussärmchens, eine Bogenbrücke zum Queren eines etwas breiteren Wassers, dann eine Brücke mit Grassoden als Belag. Darunter ist eine feste, vor Feuchtigkeit geschützte Konstruktion notwendig, aber sie bietet den Vorteil, übergangslos zwei grasbewachsene Ufer zu verbinden. Eine solche Brücke gibt es auch in Stourhead (England), dort aber aus Stein. Die Brücken können jedoch noch wesentlich anspruchsvoller gestaltet sein, wie zum Beispiel die Brücke mit überdachtem Wandelgang aus Holz im Garten des Heian-Schreins (Heian Jinju) in Kyoto, eine Idee, die sich auch in den vor allem in England im 18. Jahrhundert so beliebten palladianischen Brücken wiederfindet. Die von China inspirierte Brücke kann durch das Spiegelbild des Halbbogens auf der Wasseroberfläche den Anblick eines vollkommenen Kreises zaubern, der den Mond versinnbildlicht, wie im Koraku-en in Kyoto. Niemand wird diese Brücken je betreten, dienen sie doch ausschließlich als Weg für die Geister.

Die Brücke kann zwei Ufer direkt verbinden oder in Zickzack-Linie mitten über einen kleinen Teich führen, damit man den Lotos oder die Schwertlilien betrachten kann. Man darf nicht vergessen, dass die Richtungswechsel zur Überraschung des Auges ein Hauptmerkmal des japanischen Gartens sind.

Links:
Kein Japan ohne bunt gefleckte Karpfen. Die schmale Brücke vermittelt die Gefährlichkeit des Übergangs. Der Spaziergang durch einen Garten mit japanischer Seele gerät zu einer Abfolge von Prüfungen und Sinneseindrücken (Tenryu-ji, Kyoto).

Rechte Seite:
Rote Brücken und Pavillons sollte man in Europa vermeiden. Ihre Verwendung schafft eine zu sehr gezwungene Verbindung zum Orient, und sie wirken künstlich. Nur selten würden sie sich so gut in ihre Umgebung einfügen wie im nebenstehenden Beispiel des herbstlich flammenden Ahornwaldes im Daigo-ji-Tempel in Kyoto.

Alle diese Ideen sind leicht umzusetzen, ohne in eine rot oder grün gestrichene Nachahmung zu verfallen, die sich in zu vielen Gärten findet.
Auch Pseudo-Brücken sind denkbar. Zwischen üppiger Bepflanzung gegeneinander gelegte Bambusstangen spiegeln das Queren eines gefährlichen Überganges vor. Im Parc Citroën in Paris vermittelt ein Pfad, dessen Grund mit Bambus bedeckt ist, diese Illusion.

Chaumont: Ein gedoppelter Gartenzugang in japanischem Sinne.
Die Durchgangssperre aus getrocknetem Bambus, die der Besucher umrunden muss, verbirgt den Garten und bringt ein Überraschungsmoment ein.
Diese Technik wird in japanischen Gärten vielfach eingesetzt.

Die Einfassungen

„Mit dem Aussteigen aus dem Wagen standen wir auf einem Kiesweg vor dem Eingangstor unter dem leuchtend grünen Laubwerk junger Bäume. Welch ein Tor! Wir verweilten lange davor. Aus Bambus gemacht, schien es uns neu. Die Einfassung bot etwas Wunderbarem Schutz vor der Außenwelt, und trotz ihrer Höhe strahlte sie nicht autoritäre Abweisung aus."

Diese anlässlich des Besuches der Katsura-Villa in Kyoto von dem deutschen Architekten Bruno Taut geäußerten Sätze fassen wunderbar das Ideal einer japanischen Einfassung zusammen. Ganz anders als die Gitterzäune von Versailles oder Potsdam.

Wie die Gesamtheit der japanischen Architektur, so sind auch die Einfassungen leicht gebaut. Manche Sperren oder Tore scheinen keinerlei Zweck zu haben und doch leiten sie den Blick oder Schritt. Am häufigsten sieht man Bambusflechtwerk. Die Vielfalt ist überwältigend, die Sprache jedoch verschlüsselt. Die Feinheit der Ausführung verleiht dem Felchtwerk seinen Charakter.

Bambus wird sehr oft zur Gestaltung von Absperrungen genutzt. Dafür bleiben die Stangen zum Teil ganz und werden aneinander gebunden. Die Stangen können in Form eines weitmaschigen Netzes verbunden sein, als Quadrate oder Rauten. Viele dieser Einfassungen ähneln unseren Treillagen sehr stark. Man könnte sich von ihrer Vielfalt inspirieren lassen und eigene Zäune, beispielsweise aus Kastanienholz, entwerfen, wobei das Holz am Stück oder in Lamellen verwendet werden könnte. Manches Flechtwerk ist sogar noch feiner. Es wird aus Reisstroh oder Reisig hergestellt.

In Japan gibt es zweierlei Arten von Absperrungen. Man würde bei uns niemals an derartiges denken. Umso erfreulicher ist die Entdeckung, dass eine Absperrung eine bestimmte Formsprache ist.

Also ganz kurz ein paar Worte über die Absperrungen, die im Allgemeinen aus Bambus gefertigt sind. Sie stimmen den Fremden darauf ein, dass die Atmosphäre des Gartens sich verändern wird. Oder der auf dem Weg Befindliche wird durch diese wunderbare Bambusabgrenzung, anfangs in gebrechlichen Bogen wie ein verheißungsvolles Geländer, zum Haus geleitet. Zusammengefasst schließen diese Absperrungen nicht ab, sondern sie verführen.

Da gibt es außerdem die Tore, die offen sind und ohne Zaun, weder rechts noch links. Man könnte also seitlich daran vorbeigehen. Wozu sind sie nütze, wenn nicht zu dem Hinweis, dass sich dahinter ohne abrupten Bruch eine andere Welt präsentiert. Es gibt keinen Grund, sie zu umgehen. Zudem gibt es das kleine Törchen, von dem wir wissen, dass wir es nur aufstoßen müssen, um in ein anderes Universum zu gelangen.

Einen anderen Sinn haben die konkreten Absperrungen, jene, die abgrenzen, als Sichtschutz dienen oder Eindringlinge fernhalten sollen. Diese Zäune sind oft durch die Kombination von Holz mit Bambusgeflecht, Pflanzenbün-

Kennin-ji gaki

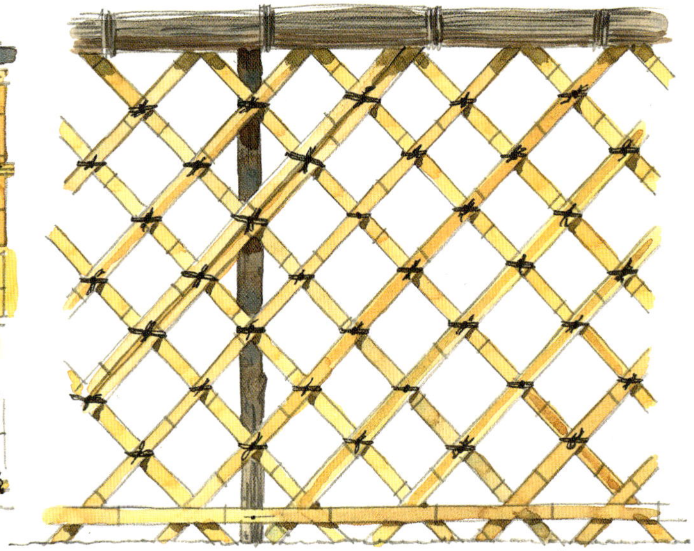

Koetsu-gaki

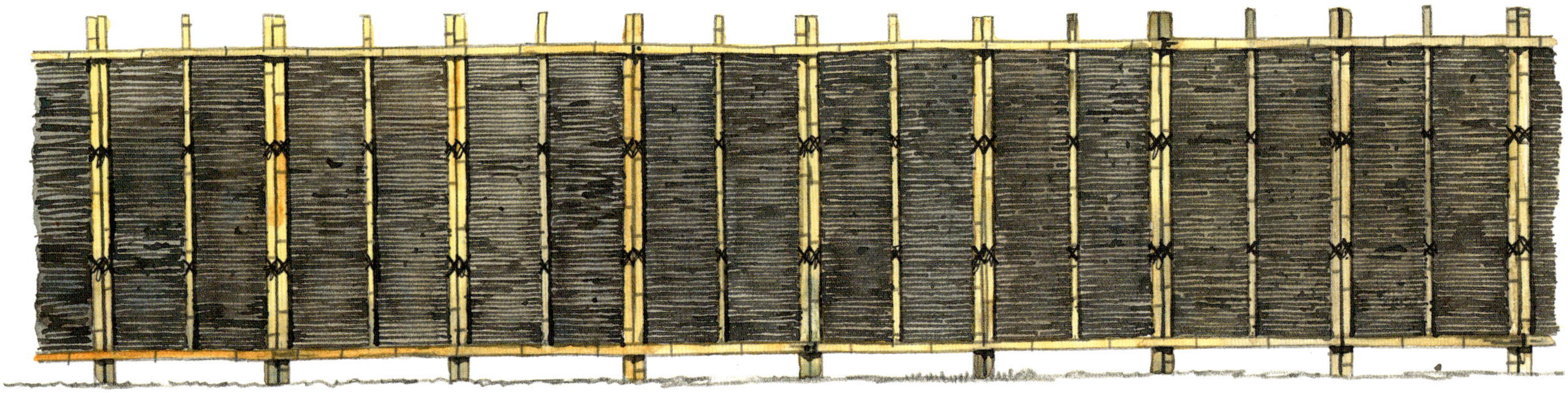

Katsura-gaki

Amida-gaki

Oben:
Ein wunderbares Beispiel für einen winzigen Zen-Garten auf einer Pariser Terrasse. Die Palisade harmoniert farblich mit dem Sand und bildet einen Kontrast zum schwarzen Vulkangestein (Gestaltung von Érik Borja).

Linke Seite:
Verschiedene Beispiele für japanische Flechtwerkzäune aus Bambus, Weide, Astwerk oder Matten. In ganz Japan findet man den mit schwarzen Stricken zusammengehaltenen Bambus – Sie können ja weiße Schnur einfärben!

Rechte Seite:
Der Weg am Ufer des Katsura-Flusses unter herbstlichen Ahornbäumen wird von einer rustikalen Einfassung begrenzt und bei Einbruch der Dämmerung durch bezaubernde, traditionelle Laternen in regelmäßigen Abständen beleuchtet – ein magischer Ort.

deln oder einfach Astwerk sehr kunstvoll gestaltet. Nicht selten tragen sie ein kleines Dach, das sie vor der Witterung schützt und ihre Lebenszeit verlängert.

In Frankreich, insbesondere im Westen, nimmt man Ginsterwedel. Sorgfältig auf eine geradlinige Holzkonstruktion gebunden, können sie der Einzäunung eines Anwesens eine stark japanische Wirkung verleihen.

In einem Land, wo die Wohnhäuser in Leichtbauweise errichtet sind und man leicht eindringen kann, sind unweigerlich auch wirklich massive Einfassungen vonnöten. In den kleinen alten Städtchen in Japan findet man noch Palisadenzäune aus dem Holz von Zedern oder Sicheltannen zum Schutz der kleinen Bürgergärten. In Tempelbereichen, in denen es wertvolle Schätze zu hüten gilt, werden die Einfassungen aus gestampfter Erde oder aus einer Mischung von Erde und Ziegeln ausgeführt. Auf die Errichtung verwendet man große Sorgfalt. Der Lehmputz wird farbig anlegt und damit dem Ort ein besonderer Stempel aufgedrückt.

Schließlich gibt es noch die seltenen steinernen Mauern, die die Bedeutung des geschützten Ortes unterstreichen. Sie umgeben große Tempelanlagen oder Burgen wie Nijo in Kyoto. Die Steinbauten sind oft äußerst komplex gestaltet. Dabei werden historische Steine aus alten Bauten in bunter Mischung mit fein zugehauenen Steinen oder rohen Findlingen miteinander kombiniert. Nachdem Piero Veraldi ein Bild der berühmten Mauer im Kikoku-Tei in Kyoto gesehen hatte, entwarf er die Zugangsmauer seines Gartens in der Auvergne.

Schmuck und Zierrat

Es gibt keine japanischen Gärten ohne jene wertvollen, gebrechlichen Objekte – Lampen, Laternen und Skulpturen. Man sollte jedoch darauf achten, nicht ins Lächerliche abzugleiten. Was in Japan so wunderbar aussieht, bringt uns hier zum Schmunzeln, beispielsweise die Tierfiguren der Shinto-Tempel, die in Europa eher wie Gartenzwerge wirken.

Absperrungen als Schmuckelemente

Bambusabsperrungen dienen im gleichen Stil wie Pergolen als Schmuckelemente im Garten. Ihr Dekor und die Qualität der Ausführung sind daher sehr wichtig. Man kennt in der japanischen Gartenkunst gut zehn verschiedene Bautypen mit individuellem Namen und individueller Funktion. Ein Sichtschutz *gyaku chasen* aus Bündeln von Gestrüpp ist etwas völlig anderes als eine *narihira*. Europäer wie wir verstehen davon nichts. Ganz im Gegenteil,

Nebenstehend:
Eine Absperrung im Stil des Daitoku-ji mit Rohmaterialien aus der Sologne – Ginster und Reisigbesen. Der seitliche Rahmen besteht aus Birkenholzpfosten von 2,2 m Höhe und 30 cm Durchmesser. Die Füllung besteht aus handelsüblichem Röhricht, das auf gerade Birkenhölzer gebunden wurde. Schwarze Kordel hält alles zusammen. Es wäre noch zu bemerken, dass sich die Birkenrinde aufgrund der klebrigen Substanz Betulin nicht vom Stamm löst, wodurch das Ensemble lange Jahre intakt bleibt.

ein Sperrelement wie *gyaku chasen* könnte ganz schnell aus Reisigbesen wie man sie in der Sologne kennt errichtet werden. Man muss nur das Grundgerüst kopieren, aus leichtem, hellem Holz wie Birke herstellen und die Besen oder Ginsterwedel daran fixieren – und fertig! Und darauf achten, dass keine Nägel – zu vulgär – sondern schwarze Kordel zur Verbindung verwendet werden.

Tsukubai

Das ist ein kleiner Trog für rituelle Waschungen, meistens aus Stein und zur Reinigung gedacht. Er dient zum Händewaschen, und falls es sich um eine sprudelnde Quelle handelt, dann kann man das Wasser auch trinken. Man benutzt dazu eine Bambuskelle. Ein solches, kleines *tsukubai* für den Empfang von Freunden ist schnell zuhause vorbereitet: eine flache Schale mit Wasser, eine Bambuskelle (die es inzwischen ja überall gibt) und warum nicht noch einige Rosenblätter auf der Wasseroberfläche. Sind wir in Asien, oder in Arabien? – Ein Wunder unserer Zeit.

Rechte Seite:
Das *tsukubai* – ein ausgehöhlter Stein mit kleiner Bambuskelle – als Willkommensgruß.

Die Fische

Eine absolute Notwendigkeit sind die bunten Koi-Karpfen, aber bitte keine grauen Exemplare. Sie leben ihr Leben und sind eine nette Abwechslung, wenn sie aus dem Schatten hervorschwimmen, um zu fressen oder sich sogar streicheln zu lassen – solange sie nicht plötzlich von einem Reiher als Mittagsmahl verspeist werden. Seit einigen Jahren gibt es in Frankreich einige Züchter für Koi-Karpfen, insbesondere in der Languedoc. Die Tiere werden in einer Plastiktüte voller Wasser als Express-Sendung geliefert, gut geschützt von einem Pappkarton. Und sie sind auch nicht mehr so kostspielig.

Der letzte Schliff

Um den völligen Japan-Look zu erreichen, kann man in Nachahmung der Aufnahmen von Tempeln, die man in den Bildbänden sieht, kleine, braun angestrichene Rollläden aus Reet, nicht aus Bambus, am Dach der Terrasse anbringen, oder Tempel-Glöckchen in den Ästen aufhängen, die im leisen Windhauch schon sanft läuten. Das i-Tüpfelchen ist eine Sake-Flasche aus Kiefernnadeln, die man von der Reise mitgebracht hat. Und dann trinkt man stilgerecht die wohlverdiente Tasse Tee.

Shishi odoshi

Die Vorrichtung *shishi odoshi* galt aufgrund ihres regelmäßigen Geräusches als Wildscheuche. Die unten geschlossene Bambusstange liegt auf einem Gestell. Ein Wasserlauf füllt die Röhre. Sobald sie gefüllt ist, stellt sie sich auf den Kopf, entleert sich und fällt mit einem harten Geräusch auf einen Stein zurück. Wir probierten das Prinzip der Wildscheuche aus, jedoch vergeblich. Unsere Hirsche haben keinen Sinn für Japanisches und die Rosen werden weiterhin kahl gefressen. Kurz gesagt, sie haben das Spiel nicht mitgespielt. Aber so wie das Volle nur existiert, weil es die Leere gibt, erlaubt auch das *shishi odoshi* durch sein regelmäßiges Klackgeräusch erst den erhöhten Genuss der Stille.

Im Handel findet man heute schon vorgefertigte *shishi odoshi*, doch ist es relativ einfach, selbst nach nebenstehendem Modell eine solche Vorrichtung zu bauen.

shishi odoshi

Am besten steht eine Laterne wohl unaufdringlich verborgen zwischen den Pflanzen. Diese hier ist von Chinaschilf (*Miscanthus sinensis*), panaschierten Funkien (*Hosta decorata*) und goldgestreiftem Bambus (*Pleioblastus auricoma*) umgeben.

Steinlaternen

Ihr Einsatz im europäischen Garten ist heikel, da sie ihren fremdländischen Ursprung zu deutlich zeigen und man damit ganz schnell die Grenze zum Kitsch überschreitet. Man sollte die japanischen Gärten jedoch aufmerksam studieren, um zu lernen, wie man die Laternen geschickt platzieren kann, damit der Weg des Wanderers ein wenig erhellt wird oder damit sie von Szenerie zu Szenerie führen. Man kaufe also Laternen, an denen man Gefallen findet, stelle sie auf den Boden, damit der Lichtschein hübscher wirkt und erfreue sich an ihrem den Weg markierenden Lichtspiel, mit dem sie die Gäste zum Haus führen. Der Garten muss nicht aussehen wie ein Feldlager von Julius Caesar, wo Laternen auf Pfählen üblich waren.

DEN GARTEN ZUM LEBEN ERWECKEN

Die Pflanzen eines japanischen Gartens stammen in der Mehrzahl aus dem natürlichen Bestand des japanischen Archipels. Auch wenn die im anschließenden Kapitel vorgestellten Arten allesamt in unseren Breiten gedeihen, so ist zu bedenken, dass manche saure Böden oder ein sehr feuchtes Klima benötigen. Um die japanische Seele zu bewahren und zugleich so nahe an der Natur wie möglich zu bleiben, sollte man nicht um jeden Preis die japanischen Vorbilder kopieren, wenn sie kaum oder gar nicht zu unserer Umwelt passen. Wenn man beispielsweise kalkhaltigen Boden vorfindet, muss man nicht unbedingt sauren Boden für Heidekraut herschaffen, nur um einen japanischen Garten zu gestalten. Es gibt wirklich viele andere Pflanzenarten, die an die örtlichen Verhältnisse besser angepasst sind und die gleiche Wirkung erzielen. Aus diesem Grunde sind im kommenden Abschnitt die bevorzugten japanischen Gartenpflanzen und ihre eventuell nötigen Vertreter systematisch aufgelistet. Die Tabelle auf Seite 164 fasst zusammen, welche Pflanzen je nach Bodenbeschaffenheit (sauer, neutral, kalkhaltig) eingesetzt werden können.

Nebenstehend: Die Berge oberhalb von Kyoto.
Rechte Seite: Der Fluss Katsura.

Die Vegetation in Japan ist ständig starker Feuchtigkeit ausgesetzt, sei es in Form von Niederschlägen oder dauerhaftem Nebel. Die allgegenwärtige Geländestruktur von Höhen und Senken fungiert als natürliche Dränage von großer Effizienz und bildet für die Pflanzen den Windschutz.
Japanische Arten akklimatisieren sich in Europa gut, sofern folgende Faktoren gegeben sind: Luftfeuchtigkeit bei guter Bodendränage und Schutz vor dem austrocknenden Wind.
Man beachte die Mischung aus Koniferen und laubtragenden Arten (hier Fächer-Ahorn). Dieses in der Natur beobachtete Prinzip wird oft in den Gärten angewendet.

Die Pflanzen des japanischen Gartens

Der Schlüssel zu einem gelungenen japanischen Garten liegt nicht in den Pflanzen selbst, sondern in dem, was der Gestalter mit ihnen macht. Planung und Formschnitt sind also ebenso wichtig wie die Pflanzen selbst. Dazu kommt noch, dass die Bandbreite der im Garten verwendeten Pflanzen eingeschränkt sein sollte – obwohl die Flora Nippons zur artenreichsten und vielfältigsten der nördlichen Erdhalbkugel zählt. Sehr oft gibt es in einem Garten kaum mehr als ein Dutzend verschiedene Arten, ohne dass diese Beschränkung den Reichtum des Gartens schmälern würde, ganz im Gegenteil. Die Reduktion von Farben und Texturen verleiht dem Garten eine durchdringende Atmosphäre von Einheit und Harmonie.
Häufig herrscht das Grün als Farbe vor, da das ganze Jahr über mit Koniferen, Pfaffenhütchen und Kamelien für eine große Auswahl an immergrünen Pflanzen gesorgt wird. Die Feuchtigkeit und Wärme des japanischen Klimas sind ideal für die Entwicklung von Moosen, die in Europa außerhalb von bestimmten Mikroklima-Bereichen nur schwer zu kultivieren sind, und die glücklicherweise eher überall wachsenden Farne.
Im Großen und Ganzen lässt sich inzwischen die Mehrheit der japanischen Pflanzen in Europa kultivieren und steht in Gärtnereien zum Verkauf. Dennoch sind sie nicht alle an die schwereren oder kalkhaltigeren Böden angepasst oder nicht an das im Allgemeinen kühlere und trockenere Klima. Statt die Aufbereitung des Bodens oder den Bau von schützenden Konstruktionen zu empfehlen, möchten wir die Leser ermutigen, vor Ort heimische Pflanzen zu verwenden, die einen den japanischen Pflanzenarten ähnlichen Effekt erzeugen. Ein charakteristischer Zug des japanischen Geistes ist es nämlich, die Prinzipien der Gartengestaltung an die Bedingungen und die Vegetation des Ortes anzupassen, an dem man sich befindet. In der Tabelle im Anhang sind die am besten an die natürlichen Bedingungen europäischer Gartenstandorte angepassten Pflanzenarten aufgeführt.

Bäume

Die Japaner nutzen die Bäume, um die Jahreszeiten zu verdeutlichen: Kirschbäume für den Frühling, Ahorn für den Herbst, Kiefern für den Winter – und die Zierschnitte kommen durch Schnee oder Reif besonders gut zur Geltung.

Das berühmte Handbuch Sakuteiki empfiehlt das Setzen blühender Bäume im Osten und blütenlose Bäume für den Westen. In diesem Grundsatz verbirgt sich keine religiöse Bedeutung. Es handelt sich eher um eine praktische Empfehlung, die ihren Sinn in unseren Breiten beibehält, da die Blüten am frischesten und schönsten im Morgenlicht aussehen und das herbstlich gefärbte Laub besonders im Abendlicht flammt.

Auch heißt es, dass in der Mitte des Gartens kein Baum gesetzt werden soll, weil das Schriftzeichen mit einem Baum in der Mitte einer Einfassung die Bedeutung „im Elend" beziehungsweise „in Bedrängnis" trägt. Wirklich eine weise Vorsichtsmaßnahme, an der es vielen abendländischen Gärtnern mangelte. Sie sind heutzutage verzweifelt wegen der allein stehenden Zeder oder den ausgreifenden Ästen der Trauerweide, die sie ohne nachzudenken irgendwann mitten in ihr Rasenstück pflanzten!

Maniu (*Dacrydium* sp.) und Fächer-Ahorn im Botanischen Garten Kyoto.

„Blütenlose" Bäume

Ihre besondere Form oder die feine Färbung des Laubes lässt sie irgendwann in einem jeden Jahr zu einem wertvollen Sinnbild für den Lauf der Jahreszeiten werden.

Oben, von links nach rechts:
1. Die grafische Silhouette des Fächer-Ahorns (*Acer palmatum*) kommt vor allem bei großen Exemplaren zur Geltung, die regelmäßig von Innen heraus ausgedünnt wurden.
2. Ahorn wächst auch in Kübeln, vor allem die malerischen Varietäten mit panaschiertem Laub oder die Zwergformen.
3. Feld-Ahorn (*Acer campestre*) kann den Fächer-Ahorn gut ersetzen. Weniger windempfindlich aber an kalkhaltige Böden angepasst, kommt er ebenfalls in farbigen, malerischen Sorten vor – hier ein *Acer campestre* 'Pulverulentum'.

Fächer-Ahorn, *Acer palmatum*

Der Fächer-Ahorn spielt die wichtigste Rolle unter den so genannten „blütenlosen" Bäumen, die im japanischen Garten Verwendung finden. Man schätzt ihn auch in Europa sehr, doch auf eine andere Art und Weise – sind hierzulande doch die staudenähnlichen Zwergformen oder flammenden Farbvarietäten am beliebtesten. Von Natur aus gibt es zahlreiche Varietäten, die sich durch Wuchskraft, Form, Größe, Rindenfarbe oder Blattfarbe unterscheiden und vor allem die Sammler reizen.

In Japan aber setzt man vor allem ganz normale Bäume, die die meiste Zeit grünes Blattwerk tragen. Ihre Hauptrolle zeigt sich im Herbst, sobald die Farbe der Blätter sich ins Rote oder Orangefarbene verändert und sie damit diesen Zeitpunkt des Jahres genau markieren. Ahornvarietäten mit buntem oder panaschiertem Laub werden zumeist in Töpfen kultiviert, als Bonsai oder bei Sammlern von Formen mit besonderem Blattwerk. Der Baum wächst mit mindestens 80 cm pro Jahr schnell und entwickelt in kurzer Zeit eine lichte, mehr oder weniger stufenförmige Silhouette, die man durch angemessenen Schnitt noch betonen kann.

Im Abendland gedeiht der Fächer-Ahorn gut, vor allem an warmen und windgeschützten Stellen mit kalkfreien Böden. *Acer palmatum* var. *coreanum* ist weniger empfindlich und wächst gut auf neutralen oder schwach alkalischen Böden mit pH-Werten von 7 bis 7,2. Wo der Boden besonders alkalisch ist, kann man diesen Ahorn in Töpfen kultivieren; besser noch ersetzt man ihn in Gebieten nördlich der Loire und in kühleren Tälern durch den Feld-Ahorn (*Acer campestre*), in den Gebieten südlich der Loire sowie auf trockenen Böden durch den Felsen-Ahorn (*Acer monspessulanum*). Auch wenn diese Arten ein wenig steifer als der Fächer-Ahorn wirken, entwickeln sie im Laufe der Zeit sehr malerische Züge und lassen sich einfach durch Ausdünnen in Form bringen, was am besten im August oder September geschieht.

Rechte Seite:
Der Fächer-Ahorn (*Acer palmatum*) zeigte in Japan hauptsächlich den Herbst an – und diese Funktion erfüllt er auch heute noch, wie hier am Katsura-Fluss bei Kyoto.

Andere „blütenlose“ Bäume

Andere Arten in herbstlichen Farben werden ebenfalls häufig verwendet, um die Übergangszeit von der schönen Zeit zum Winter zu markieren. Japanische Gärtner wählen bestimmte Bäume auch der Regelmäßigkeit ihres Astwerkes oder ihrer malerischen Silhouette wegen aus. Bäume in Trauerform sind typisch für Parks mit Gewässern, hier kommen sie besonders zur Geltung, wenn sie sich in der Uferzone eines Sees oder Teiches spiegeln. Etwas mutigere Gärtner nutzen manchmal kleine Bäumchen in Trauerform, um einen Wasserfall am Rande eines Flüsschens aus Kieselsteinen nachzuahmen.

Japanischer Schnurbaum, *Sophora japonica*

Die unpaarig gefiederten Laubblätter verleihen dem Pagoden- oder Schnurbaum eine immense Leichtigkeit; die juvenilen Exemplare wirken allerdings etwas zerzaust und struppig. Er gewinnt an Attraktivität, wenn er von Anfang an geschnitten und geformt wird. Man kann ihn sehr jung pflanzen, da er schnell wächst und daher gut austreibt. Mit 12 bis 15 Jahren beginnt der erwachsene Baum im Sommer kleine weiße Blüten zu treiben, die in Rispen wachsen. Bei uns genießt er als Gartenpflanze kaum Beliebtheit, weil er zu hoch wächst. Inzwischen setzt man ihn aber häufig als städtischen Alleebaum.

Standortbedingungen: Geeignet ist ein normaler Boden, egal ob steinig oder nicht, er sollte aber im Winter nicht staunass sein.

Ersatz: Die Sorte 'Pendula' als Trauerform wird nicht so sperrig. Sie wächst zu einem kleinen, hübschen Baum heran, der als tunnelartiger Durchgang genutzt werden kann oder zur Nachahmung eines Wasserfalls.

Trauer-Weide, *Salix babylonica*

Ihre Kritiker sagen, sie seien traurig, aber der melancholische Habitus leistet der Meditation Vorschub! Trauerweiden werden majestätische Bäume, sie nehmen immer mehr Raum ein, während sie altern, und sie berühren immer. In Japan existieren mehrere Sorten mit Blattwerk in unterschiedlichen Grün- und Silbertönen, das Holz ist entweder rötlich braun oder gelb. Nur letztgenannte werden in Europa kultiviert. In Japan werden sie von zartem Alter an getrimmt, sodass sie nie mehr als fünf bis sieben Äste haben.

Standortbedingungen: Sie lieben feuchte Böden wie das Ufer eines Wasserlaufes, jedoch keine Staunässe. Heftiger Wind, der die zarten Äste abknickt, tut ihnen nicht gut.

Ersatz: Die kleine Purpur-Weide in Trauerform *Salix purpurea* 'Pendula' mit bläulichem Blattwerk ist besser geeignet für kleine Gärten. Man könnte auf trockenen Böden auch die Weiden-Birne in Trauerform *Pyrus salicifolia* 'Pendula' setzen, eine Birnenart mit weidenförmigen Blättern.

Katsurabaum, *Cercidiphyllum japonicum*

Wie der Ahorn oder der Schnurbaum zählt auch der Katsurabaum zu den Glanzstücken des Herbstes. Je nach Wetterlage verfärben sich die Blätter für wenige Tage orange oder goldgelb. Dann verströmen sie (besonders auch die vertrockneten Blätter) einen betörenden Geruch nach Karamell. Die erst fein und senkrecht aufwachsenden Äste breiten sich mit der Zeit in die Horizontale aus. Das frische, purpurfarbene Laubwerk entwickelt sich im zeitigen Frühling zusammen mit den winzigen roten Blüten und droht immer durch späten Frühjahrsfrost zu erfrieren.

Standortbedingungen: Ideal ist ein fruchtbarer Boden und frisches, feuchtes Klima sowie ein wegen des Frühlingsfrostes geschützter Standort.

Ersatz: Der Gewöhnliche Judasbaum (*Cercis siliquastrum*) trägt ein sehr ähnlich geformtes Laub, ist aber toleranter gegenüber der Trockenheit der Kalkböden. Sein kanadischer Verwandter *Cercis canadensis* 'Forest Pansy' hat das schönste Herbstlaub.

Chinesischer Blauglockenbaum, *Paulownia tomentosa*

Er wird sehr geschätzt wegen seiner großen rispenartigen Blütenstände aus hellvioletten Blüten, die Ende April bis Anfang Mai erscheinen, sofern die Knospen nicht im vorausgehenden Winter erfroren sind. Den Blüten folgen rasch die großen, fast dreieckigen Blätter, die gegenständig an den Zweigen stehen. Der Baum wächst schnell und zeigt eine majestätische Haltung, weil sich das Geäst durch die Last der Blätter waagerecht erstreckt. Seine große Wuchshöhe und -breite beschränkt den Einsatz auf Parkanlagen und sehr große Gärten.

Standortbedingungen: Besonders gut entwickelt er sich auf tiefgründigen, frischen, aber gut dränierten Böden. Eine Bedrohung ist der Wind, der das Blattwerk austrocknet und die zarten, zerbrechlichen Äste beschädigt.

Ersatz: Der Gewöhnliche Trompetenbaum *Catalpa bignonioides* fällt weniger raumgreifend aus, er blüht aber erst im Sommer.

Kaukasische Zelkove, *Zelkova carpinifolia*

Dieser orientalische Verwandte unserer aussterbenden Feld-Ulme besitzt längliche, gezahnte Blätter, die wie ein Lindenblatt aussehen, dabei aber etwas unsymmetrisch sind, was in einem japanischen Garten ja selbstverständlich ist. Strahlend grün im Frühjahr und tiefgrün im Sommer wartet die Zelkove auf den Spätherbst, um sich mit der gleichen Intensität wie der japanische Ahorn in Orange und Rot zu hüllen. Ihr Habitus ist von Natur aus schirmförmig aufragend, obwohl sie nicht sehr hoch wird. Es ist ein hübscher Baum, der für mittelgroße Gärten am besten geeignet ist.

Standortbedingungen: Lehmiger oder dauerfeuchter Boden, der auch im Sommer die Feuchtigkeit hält; dabei ist unwichtig, ob der Boden sauer oder alkalisch ist. Die Zelkove ist absolut winterhart und nicht windempfindlich.

Ersatz: Keiner, da sie eigentlich überall recht gut gedeiht.

Koniferen

In den meisten Teilen der Welt bilden die Koniferen dichte und oft eintönige und düstere Bestände; in Japan dagegen mischen sie sich unter die sommergrünen Laubbäume und bilden zu jenen einen wundervollen Kontrast.

Es dauert Jahre, um einer jungen Kiefer dieses gleichermaßen feine wie natürliche Aussehen zu geben. In manchen japanischen Parkanlagen waren es mehrere aufeinanderfolgende Generationen von Gärtnern, die die außergewöhnlichen Exemplare formten.

Die Kiefer

Typisch für die japanische Landschaft und ihre natürlichen bewaldeten Flächen ist das bemerkenswerte Gleichgewicht von sommergrünen Laubbäumen und Immergrünen, vor allem Koniferenarten, das selbst an Hängen und Steilhängen besteht. Diese Mischung findet sich selbstverständlich auch in den Gärten wieder, wo man sich ebenfalls der immergrünen Koniferen bedient, um die vergängliche Frühjahrsblüte oder die flammenden Herbstfarben der Ahornbäume zur Geltung zu bringen. Jeder Baumtypus wurde zum Sinnbild einer Jahreszeit gewählt, und Kiefern und immergrüne Arten stehen für den Winter.

In der natürlich gewachsenen japanischen Landschaft, vor allem an den Flanken der Berge, findet man nicht selten völlig gewundene Kiefern, die durch den kargen Boden nur zwergengroß und durch den Wind verkrüppelt wurden. Diese Formen brachten die Japaner schon vor langer Zeit auf die Idee, Bäume in Töpfen zu verstümmeln, um Bonsais zu gestalten. Oftmals werden auf dieselbe Art und Weise ungeachtet der Größe auch Freilandexemplare gestaltet – durch regelmäßigen Schnitt der Äste und sogar der Nadeln, damit sie ein malerisches Aussehen erhalten (so genannte *hueki*). Ihre Formen stehen natürlich im Einklang mit Regeln, die für Außenstehende – auch uns Europäer – schwer zu verstehen sind.

Japanische Schwarz-Kiefer, *Pinus thunbergii*

Diese Art gehört zu den wichtigsten in der Holzindustrie verarbeiteten Bestandsbäumen japanischer Wälder. Ihre zu zweit in Kurztrieben angeordneten Nadeln sind tiefgrün und glänzend. Die weiblichen, roten Blütenstände wachsen als Zapfen auf den jungen Zweigen und geben den erwachsenen Exemplaren einen bemerkenswerte Blütenaspekt.

Standortbedingungen: Japanische Schwarz-Kiefern gedeihen unter verschiedensten Bedingungen und in Höhelagen von bis zu 1000 m, aber sie haben eine Vorliebe für die Küstenregionen und für sandige Böden.

Ersatz: *Pinus nigra* subsp. *nigra*, die Österreichische Schwarz-Kiefer, sieht absolut gleich aus, ist aber in unseren Baumschulen wesentlich häufiger vertreten als die Japanische Schwarz-Kiefer. Sie ist zudem etwas einfacher zu kultivieren und verträgt kalkhaltige Böden. In der Küstenregion sollte man auf die Korsische Kiefer *Pinus nigra* subsp. *laricio* ausweichen, die gut auf Sandböden gedeiht und der die Gischt nichts ausmacht.

Die Japanische Rot-Kiefer ähnelt im Großen und Ganzen unserer Föhre. Ihre anfangs kräftige, nach Höhe strebende Statur wird mit zunehmendem Alter stufenförmig. Das Abendlicht macht den roten Schimmer ihrer Rinde besonders deutlich.

Japanische Rot-Kiefer, *Pinus densiflora*

Diese zweite japanische Kiefernart ist Nippons Gegenstück zu unserer Föhre: dieselbe rötliche Borke und mit dem Alter dieselbe von Natur aus stufenförmige Silhouette. Wie die Föhre behält auch die Rot-Kiefer nie ihre unteren Zweige, weder die Solitärbäume noch die im Bestand. An den äußeren Ästen sind ihre Nadeln dichter als an vertikalen Ästen, wodurch unwillkürlich mit dem Alter der etagenförmige Habitus zustande kommt, eine Struktur, die durch sorgfältigen Schnitt noch betont wird.

Standortbedingungen: Die Art gedeiht auf allen Böden mit normaler Feuchtigkeit, von Meereshöhe bis auf 2600 m Höhe.

Ersatz: Die in allen Punkten vergleichbare Föhre *Pinus sylvestris* wird in unseren Baumschulen wesentlich häufiger angeboten. Manche Varietäten sind sogar zum Einsatz in kleinen Gärten geeignet, wie zum Beispiel *Pinus sylvestris* 'Watereri', eine natürliche Zwergform mit 3 m Wuchshöhe, die innerhalb kurzer Zeit ein malerisches Aussehen entwickelt.

Andere Koniferen

Auch wenn die drei in der Folge genannten Nadelhölzer aus Japan stammen, finden sie sich seltener in den Gärten als die Kiefer. Trotzdem verleihen sie den europäischen Gärten ein japanisches Aussehen.

Japanische Sicheltanne, *Cryptomeria japonica*

Sicheltannen wachsen schnell, und die biegsamen Zweige voller schwach gebogener Nadeln ähneln stark denen der *Sequoia*-Arten. In Japan bilden sie dichte Bestände, und ihr Holz wurde in großen Mengen zum Bau von Tempelhallen und traditionellen Häusern verwendet. Im Westen ist vor allem die Varietät 'Elegans' mit dünnen Zweigen in „federleichter Optik" bekannt. Der Baum selbst sieht wie eine dicke Wolke aus, die im Winter eine violette Tönung annimmt. Da er niemals wirklich gerade wächst, wirkt er sehr „japanisch".

Standortbedingungen: Die Art des Bodens ist nicht von Bedeutung, vorausgesetzt, dass er nie völlig austrocknet. Der Baum liebt den Regen, verträgt aber keinerlei trockene Winde.

Ersatz: Die Echte Zypresse (*Cupressus sempervirens*) kann in trockenen Gebieten, wo es selten Frost gibt, verwendet werden, außerdem die Bastardzypresse x *Cupressocyparis leylandii*, wenn man viel Platz hat oder sie gerne trimmt.

Hinoki-Scheinzypresse, *Chamaecyparis obtusa*

Im Westen kennt man nur die gewundenen, gebeugten Zwergformen dieser Koniferenart, während sie in ihrem natürlichen Lebensraum in Japan zu einem bemerkenswerten, lanzettförmigen Baum von bis zu 40 m Höhe aufwächst. Der Wipfel ist luftig und die schöne, rötliche Rinde blättert in feinen Schuppen ab. Die Zweige sind leicht an ihrem fächerförmigen Aufbau zu erkennen, etwas sichelförmig wie eine Jakobsmuschel. Das erinnert an gewisse Moose und verleiht dem Baum tatsächlich einen „moosweichen" Charakter.

Standortbedingungen: Die Art liebt die Sonne und fette Böden; der pH-Wert spielt keine Rolle, aber der Boden muss so aufgebaut sein, dass er die Feuchtigkeit aufnimmt.

Ersatz: Zwergformen wie 'Nana Gracilis' oder 'Graciosa' sind wunderbare „falsche Bonsais", die man höchstens alle zwei oder drei Jahre einmal ausdünnen muss. Die Art und ihre kräftig wachsenden Varietäten bleiben wohl weniger gebräuchlich.

Japanische Schirmtanne, *Sciadopitys verticillata*

Sie überrascht durch die langen Nadeln, die in Kurztrieben quirlig an den Zweigen stehen. Die jungen Triebe sehen zeitweise aus wie Regenschirme oder vom Wind nach oben gebogene Sonnenschirme. Ihre dunkle Farbe und die Biegsamkeit lassen ebenso wie bei Sumpfzypressen an Kunstblumen denken. Durch das langsame Wachstum bleibt sie lange buschförmig, bevor ein Zweig die Hauptachse übernimmt und in die Höhe wächst. Sie wächst meistens in Säulenform und erreicht in Kultur etwa 10 bis 12 m Höhe, in ihrem natürlichen Lebensraum, den Bergen von Honshu, Shikoku und Kyushu wird sie 30 bis 40 m hoch.

Standortbedingungen: Sie liebt sandige, luftige, gut dränierte Böden, die nicht kalkhaltig sein dürfen. Am besten gedeiht sie im Halbschatten, in feuchtem Klima und in windgeschützten Lagen.

Ersatz: Da ihre Form wirklich ungewöhnlich ist, kann sie durch keine andere Konifere, die Kalkboden tolerieren würde, ersetzt werden. Man muss sich damit trösten, dass sie im Kübel gehalten werden kann.

Die Schnitttechnik *karikomi*

Die Japaner besitzen zwei für eine gelungene Gartengestaltung unerlässliche Qualitäten – Gespür für die Komposition und die Gabe, das Natürliche zu übertragen. Durch horizontales Trimmen und Schneiden erhalten relativ junge Exemplare Form und Aussehen von uralten Bäumen, indem die horizontal verlaufenden Zweige so geführt werden, als ächzten sie unter der Last der Jahre. Unter Berücksichtigung des natürlichen Gleichgewichtes werden die untersten Äste am längsten gelassen und der Abstand zwischen den „Sprossetagen" ist mehr oder weniger unregelmäßig. Man schneidet sie, bringt Stützen an, umwickelt sie mit Stroh. Das ist mit einem gewissen Bastelgeschick alles leicht nachzumachen.
Der plattenförmige Schnitt bringt bei den immergrünen Pflanzen, vor allem den Kiefern, ausdrucksstarke Bilder hervor, die die Landschaft je nach Jahreszeit optisch gliedern.

Zu Beginn werden die noch biegsamen Äste an Pfosten fixiert und waagerecht auf Stangen geführt. Diese meistens aus Bambus gefertigte Stützkonstruktion bildet manchmal richtige Gerüste. Die Nadeln der Kiefern werden ausgedünnt und zuweilen auch geschnitten, damit sie den Ast am besten in eine Balance bringen. Die schönsten Exemplare kommen zweimal im Jahr in den Genuss eines Schnitts, am Ende des Sommers und in der Frühlingsmitte. In den Tempelgärten kann sich die „Formung" eines Baumes über mehr als ein Jahrhundert hinziehen und damit mehrere Generationen von Gärtnern beschäftigen.

Blühende Bäume

Während sich in Europa alle über die Kürze der Kirschblüte beklagen, erfreut man sich in Japan daran. Die wenigen Tage vollster Blütenpracht werden in dem für seine wilden Kirschbäume berühmten Yoshino und dem ganzen Land mit dem Kirschblütenfest O-hana-mi gefeiert, da sie den „offiziellen" Beginn des Frühlings markieren.
Sieben Arten wilder Kirschen sind in Japan heimisch. Hinzu kommen zahlreiche spontane Kreuzungen und natürlich die unzähligen Züchtungen, die japanische Gärtner im Laufe der Jahrhunderte hervorgebracht und verbreitet haben.
Die *sato-sakura* – Züchtungen mit normalerweise gefüllten Blüten in dicken, doldenförmigen Büscheln und bei uns als Japanische Blüten-Kirschen bekannt – sind meist raumgreifende, hohe Parkbäume. In kleineren Gärten verwendet man eher *Prunus*-Arten von kleinerer Statur wie zum Beispiel *P. glandulosa* oder *P. triloba*; ungefüllte Blüten hat *P.* x *subhirtella*, sehr früh blühende Arten sind *P. incisa* oder *P. mume*.

Nachdem die Frühjahrs-Kirsche *Prunus subhirtella* 'Autumnalis' den ganzen Winter über Blüten getrieben hat, endet die Blüte Ende März/Anfang April in einem Rausch, wenn sich alle noch vorhandenen Knospen auf einen Schlag öffnen (Gärten Albert Kahn).

'Fukubana' ist eine Züchtung von *Prunus subhirtella*, mit dunkleren Blüten. Der Baum entwickelt sich nur langsam und wird kaum höher als 3 m.

Frühjahrs-Kirsche, *Prunus subhirtella*

Ein Art, die man gut an ihren kleinen rosafarbenen oder weiß-rosa Blüten und den im Vergleich zu den Sorten weitaus kleineren und schlankeren, somit leichteren Blättern erkennen kann. Bei uns ist vor allem die Sorte 'Autumnalis' (japan.: *jugatsu-sakura*) bekannt, die von November bis zur vollen Entfaltung aller noch vorhandenen Knospen Anfang April blüht. Die von Natur aus stufenförmige und leichte Statur des Baumes, die schöne Herbstfärbung und die zugleich einfache und spektakuläre Blüte geben diesem Kirschbaum einen besonderen Charme.

Standortbedingungen: Sie mag weder Wind noch kalkhaltige Böden, doch die meisten im Pflanzenhandel erhältlichen Exemplare sind auf Wildkirschen gepfropft, die ihrerseits auf allen möglichen Böden gedeihen. Die Nachbarschaft zu einer Kiefer gibt ihr Windschutz und lässt sie besser in Erscheinung treten.

Ersatz: Der Judasbaum *Cercis siliquastrum* treibt seine Blüten im Süden ebenfalls recht früh und ist besonders gut an trockene Boden- und Klimaverhältnisse angepasst.

Japanische Aprikose, *Prunus mume*

Mit der sehr frühen Blütezeit im Januar oder Anfang Februar nimmt diese *Prunus*-Art eine Sonderstellung ein. Im Allgemeinen wenig raumgreifend, eignet sie sich für ein eingeschränktes Platzangebot, Höfe oder kleine Gärten und sogar die Topfkultur. Manche tragen auch kleine grüne Aprikosen, die als süß-saure Köstlichkeit in Salz eingelegt verspeist werden. Die Gelehrten, die diese Art besonders gerne kultivierten, ließen für gewöhnlich eine Blüte von *P. mume* in einem Becher Reiswein schwimmen.

Standortbedingungen: Ideal ist ein vor Wind und Spätfrösten im Frühling geschützter Platz wie beispielsweise eine Südfassade, ein Patio oder ein Hof. Jeder Boden ist geeignet, er sollte aber nicht staunass sein.

Ersatz: Die Kirschpflaume, *Prunus cerasifera*, blüht ebenso früh und ist einfach zu kultivieren. 'Moseri' ist eine Züchtung mit gefüllten Blüten.

Vielblütiger Apfel, *Malus floribunda*

Man nennt ihn auch „Japanischen Apfel", doch diese Bezeichnung wird auch für *Chaenomeles*, die Japanische Zierquitte, verwendet. Es handelt sich um einen kleinen Baum, dessen Zweige von dunkelrosafarbenen Knospen bedeckt sind, die sich beim Öffnen langsam aufhellen und innen völlig weiß sind. Die Art wurde mit europäischen Sorten gekreuzt, um Züchtungen mit völlig rosafarbenen oder fast roten Blüten hervorzubringen. Der reiche Fruchtstand kleiner gelber oder purpurroter Früchte hängt am Ende des Sommers schwer an den Zweigen, wodurch die Zweige ihre horizontale Ausrichtung auf natürliche Weise erhalten.

Standortbedingungen: Von Natur aus verträgt die Art keine kalkhaltigen Böden, aber auf ein europäisches Apfelstämmchen gepfropft wächst sie fast überall. Nutzt man weniger wuchskräftige Arten zum Veredeln, so erhält man kleine Bäumchen, die extrem stark blühen.

Ersatz: Ein Früchte tragender Apfelbaum dient als Ersatz, sofern man das Nützliche mit dem Angenehmen verbinden möchte.

Ausdünnen

Diese Art des Baumschnitts, der bei Ahorn und auch bei den blühenden Gehölzarten wie *Prunus* häufig angewendet wird, erlaubt es, die Silhouette der Bäume luftig erscheinen zu lassen und dabei jedoch die gewachsene Ordnung des Geästes zu wahren. Der Schnitt enthüllt die kräftigen Linien eines Laubgehölzes ohne in das natürliche Wachstumsverhalten der Äste oder Hauptverzweigungen einzugreifen; dieses kann sich völlig frei entfalten.

Der Ausdünnschnitt entfernt die zahlreichen Triebe und kleinen Ästchen, die sich in der Mitte der Krone direkt am Stamm oder an der Basis der Hauptäste entwickeln. In der Natur würden diese Zweige mangels Licht von selbst absterben und abfallen. Nur alte Baumexemplare besäßen dann eine klare Silhouette. Der Schnitt beschleunigt den Vorgang und ermöglicht die luftige Gestaltung der Konturen, was die Silhouette besser zur Geltung bringt, die Krone leichter und lichter wirken lässt, sodass man durch sie hindurchspähen kann.

Bei uns werden die blühenden Kirschbäume bevorzugt im August oder September ausgedünnt. Nachdem der Baum gut angegangen ist, schneidet man jährlich, um zu vermeiden, dass Äste von mehr als 2 cm Durchmesser entfernt werden müssen. Die Vernarbung ist daher einfacher und erfolgt schneller.

Blühende Apfelbaumsorten sind ebenso eine Augenweide wie die Kirschbäume, und ein angemessener Zierschnitt gibt ersteren eine ähnliche Form (Ansicht eines Gartens von Érik Borja).

Bambus

Der Bambus ist weder Baum noch Strauch, sondern er ist ein baum- oder strauchartig beastetes und verholzendes Süßgras; er nimmt damit eine Sonderstellung ein. Auch wenn Bambus einem Garten unbestreitbar den asiatischen Stil aufdrückt, halten viele Gärtner ihn im Bild unserer Landschaft für unpassend. Doch wenigstens in die von hohen Mauern und Wohngebäuden umgebenen Stadtgärten passt er perfekt, weil er hohe grüne Wände schaffen kann, ohne viel Bodenfläche zu benötigen oder das Tageslicht zu nehmen. Zudem ist er leicht zu kultivieren, lange Leitern sind unnötig, weil er im oberen Bereich nicht gekürzt werden muss. Die alten oder überzähligen Stangen werden einfach einmal im Jahr oder alle zwei Jahre direkt über dem Erdboden abgeschnitten. Auch wenn er nicht bei uns heimisch ist, entpuppt sich der Bambus als wertvoll für den Bestand von kleinen Tieren im Garten. Besonders die Vögel finden darin gute Nistmöglichkeiten und ebenso gute Verstecke vor ihren natürlichen Erzfeinden, den Katzen. Die hat man doch schließlich noch nie einen Bambus hinaufklettern sehen!

Bambus wird je nach Wuchshöhe und Ausbreitung unterschiedlich eingesetzt. Hoch wachsende Bambusarten ersetzen in winzigen Gärten vorteilhaft die immergrünen Bäume. Bambusarten von mittlerer Höhe bilden kleine Wäldchen wie die Sträucher, während die kleinen Arten Rasenflächen entstehen lassen, die man nur ein- oder zweimal pro Jahr mähen muss. Alle im Anschluss beschriebenen Arten sind bei uns winterhart.

Bambusarten bevorzugen nährstoffreiche, im Sommer kühle Lehmböden. Man beachte aber, dass Bambus entgegen der landläufigen Meinung keine Feuchtpflanze ist und daher sumpfige Böden nicht verträgt!

Hier befindet man sich tatsächlich in der Drôme, nicht in Japan! Der Zauber dieses kleinen Teepavillons am Wasserlauf ist außergewöhnlich. Man muss nur darauf achten, Naturbaustoffe in den Farben braun, beige oder weiß zu verwenden, damit sie optisch mit der Vegetation verschmelzen. Bei dem Bambus handelt es sich um *Pseudosasa japonica* (eine Gestaltung von Érik Borja).

***Sasa veitchii*, hier in der Bildmitte, bleibt niedrig und entwickelt mit der Zeit schöne, den Boden bedeckende Matten. Zu Beginn des Winters verfärben sich seine bis dahin einheitlich grünen Blätter und bilden einen sehr eleganten, weißlichen Rand.**

Narihirabambus, *Semiarundinaria fastuosa*

Dieser auf den Inseln Honshu, Shikaku und Kyushu heimische Bambus mit deutschem Trivialnamen Säulenbambus zählt zu den höchsten Arten für kühlere Klimazonen. Seine Halme mit 4 bis 5 cm Durchmesser erreichen eine Höhe von 8 bis 10 m. Wuchskräftig aber nicht wuchernd verbreitet er sich meist entlang eines einzigen kräftigen Rhizoms, sodass die Pflanzen eine lange Reihe bilden. Er ist daher zur Einfassung oder entlang einer Mauer sehr geeignet. Durch die kurzen Zweige bleiben die Halme stets aufrecht stehen, auch wenn der Schnee die Zweige bedeckt.

Schwarzrohrbambus, *Phyllostachys nigra*

Schwarzrohrbambus treibt wunderbare ebenholzfarbene, glänzende Halme hervor. Er erreicht eine Höhe von etwa 10 m, doch kann es lange dauern, bevor er richtig angewachsen ist. Man setzt vor allem nördlich des Bodensees am besten eines oder mehrere schon kräftige Exemplare ein. Die Färbung kommt erst im zweiten Jahr zur Geltung, vorausgesetzt, die Pflanze erhält einige Sonnenstunden am Tag. Zu starke Sonneneinstrahlung und zu heiße Standorte sind nicht förderlich. Im Handel stößt man am häufigsten auf die Form *P. nigra* fo. *henonis*, die zwar kräftiger ist, aber nicht so schwarz wie die Art *P. nigra*.

Großer Holzbambus, *Phyllostachys bambusoides*

Durch die Höhe von 15 bis 20 m in Europa und mehr als 30 m in Japan sowie das rasche Wachstum ist dies eine der beeindruckendsten Bambusarten. Die Art wird zudem in Japan wegen der Qualität und Robustheit der Halme als Nutzholz verwendet. Im Gegensatz zu den anderen Arten bleiben sie nach dem Schnitt noch 50 Jahre lang belaubt und zugleich biegsam und fest. Junge Sprossen sind essbar, jedoch in rohem Zustand etwas bitter. In Europa ist vor allem die Form *P. bambusoides* 'Castilloni' mit den schönen glänzend gelben Halmen bekannt. Damit die Halme richtig wachsen können, muss der Sommer lange schön bleiben. Nördlich des Bodensees ersetzt man diese Art am besten durch *Phyllostachys vivax*, die sich schneller entwickelt.

Pseudosasa japonica

Die großen Blätter verleihen dem Maketebambus ein sehr exotisches Aussehen. Seine unbändige Ausbreitung jedoch – die Rhizome können in einem Sommer mehr als 2 m weit ausgreifen – macht ihn zum Problem in kleinen Gärten, sofern man den ihm zugewiesenen Raum nicht durch eine Wurzelsperre absteckt. Die Halme behalten lange die Halmscheide, was sie hell aussehen lässt. Auf kleinem Raum ist dieser Bambus zwar ein Ärgernis, er wird jedoch dann interessant, wenn es darum geht, rasch ein schönes, immergrünes und winterfestes Blättermeer zu zaubern. Diese Art hat Ende der 1980er-Jahre üppig geblüht, ein Ereignis, das sich so erst in gut 100 Jahren wiederholen dürfte.

Schirmbambus, *Fargesia murielae, Fargesia nitida*

Diese beiden gelten als die „weisesten" unter den Bambusarten. Tatsächlich überschreiten sie niemals die Grenze des ihnen zugewiesenen Raumes, sondern bescheiden sich damit, mit der Zeit dichtere Horste zu bilden und ein wenig an Höhe zuzulegen. Die höchsten Halme können 4 bis 5 m hoch werden, aber sie beugen sich, sobald die Blätter (ab dem zweiten Jahr) austreiben. Der Horst nimmt die Form eines großen Schirms an, den man mit der Zeit ausdünnen kann. Die Halme werden an der Basis nicht stärker als 1,5 cm und haben eine dunkle Farbe. *F. nitida* wird fast schwarz und *F. murielae* ockergelb. Beide Arten lassen sich gut in Kübeln kultivieren, doch muss man darauf achten, dass sie nicht austrocknen oder in zugigem, kaltem Wind stehen. Auch Staunässe ist zu vermeiden.

Chimonobambusa quadrangularis

Aufgrund seiner im Querschnitt rechteckigen Halme ist dieser Bambus sehr außergewöhnlich. Er wird auch wegen seines aufrechten, geraden Wuchses sehr geschätzt. Er ähnelt damit *Semiarundinaria fastuosa*, bleibt aber mit maximal 3 bis 7 m Höhe wesentlich kleiner. Die ursprünglich in China heimische Art wurde schon vor Jahrhunderten in Japan eingeführt. Hier setzte man sie häufig in kleinen Höfen, wo man zudem durch Ausdünnen der Halme ein lichteres und eleganteres Aussehen als in der natürlichen Wuchsform schuf (siehe S. 31). Die Art breitet sich nicht stark aus und entwickelt nur wenige neue Halme pro Jahr. Daher kann sie auch sehr gut im Topf kultiviert werden. Sie ist bis −15 °C winterhart, die Blätter bekommen jedoch ab −10 °C Frostschäden. Die Jungtriebe entwickeln sich im Herbst und Winter und sind bei zeitigem Frost empfindlich.

Pleioblastus viridistriatus

Dieser Zwergbambus trägt lange, schmale Blätter, die bei der Grundform der Art grün sind. Diese ist weniger verbreitet als die Sorte mit panaschierten, gelbgrünen Blättern 'Auricoma', deren Blattwerk gelbe Streifen aufweist. Die Sorte hat eine geringere Wuchskraft und ihre Farbigkeit macht sie attraktiver; außerdem wächst sie weniger ausgreifend. Eine andere Art derselben Gattung – *Pleioblastus variegatus* 'Fortunei' – gibt es ebenfalls in panaschierter Form. Ihre biegsamen, sichelförmigen Zweige sind dicht bewachsen mit kleinen, stärker oder schwächer weiß gestreiften Blättern. Einige Stunden Morgensonne genügen, damit die schöne Färbung erhalten bleibt. Die Nachmittagssonne ist zu vermeiden, weil sie die hellen Blattpartien verbrennen könnte. Die Pflanze muss alle zwei Jahre zu Beginn des Frühlings kurz geschnitten (gemäht) werden.

Sasa veitchii

Typisch für Bambuspflanzen der Gattung *Sasa* sind große Blätter, die wirtelig an der Spitze von kurzen, maximal 80 bis 120 cm langen Halmen stehen, dazu die rasche Ausbreitung. Schnell entstehen ungeachtet des Schattens große, bodendeckende Teppiche am Fuß der Bäume oder zwischen großen Sträuchern, angeschmiegt an die Konturen des Geländes. Interessant ist, dass die im Sommer dunkelgrünen Blätter am Rand in einer Breite von 0,5 bis zu 1 cm absterben, was sie im Winter panaschiert erscheinen lässt. Die Art liebt luftige Böden und schattige Plätze und muss innerhalb von drei Jahren einmal gemäht werden.

Shibatae kumasasa

Bei dieser Art ist die Stellung der kurzen, spitzen Blätter in dichten, flaumigen Bündeln an den aufragenden Zweigen beliebt. Der kleine Bambus wird kaum höher als 80 cm und breitet sich zu schönen Teppichen über das Gelände hinweg aus. Durch die dichten Blätter kann er wie Buchs in Form geschnitten werden – als Kugel im Topf, wellenförmig oder noch fantasievoller. Der Vorteil ist, dass man auch Monate später wieder von vorne beginnen kann, wenn man mit der vorherigen Skulptur nicht zufrieden war. Er wächst an jedem Standort, doch die Blätter werden im Schatten am schönsten und dunkelsten. Die Kälte lässt die Blattspitzen wie bei *Sasa veitchii* absterben, was die Wuchskraft der Pflanze jedoch nicht beeinträchtigt.

Der Schnitt von Bambus

Ausdünnen von Halmen

Bambus wird direkt über dem Boden geschnitten. Jedes Jahr gegen Ende des Winters vor dem Hervorbrechen der ersten Sprosse werden die ältesten, nicht mehr belaubten oder verfärbten Halme abgeschnitten. Es ist auch von Vorteil, wenn man die kleinsten und dünnsten Halme kappt, die das Herz des Horstes blockieren. Manche Gärtner schneiden auch so, dass zwischen zwei schönen Halmen mindestens 15 bis 20 cm Freiraum entstehen, um damit elegante und luftige Pflanzen zu erhalten.

Dieses Ausdünnen schafft zum einen Platz für neue Sprosse, zum anderen wird ihr Hervorbrechen dadurch 10 bis 14 Tage beschleunigt, was vor allem in den Gebieten nördlich der Loire für die groß wachsenden Bambusarten von Vorteil ist. Durch diese zwei Wochen zusätzlichen Wachstums entwickeln sich die Arten vollständig vor dem Einsetzen des ersten Frostes in der Herbstmitte.

Schnitt am Stamm

Bei den hoch wachsenden Bambusarten kann der Frühlingsschnitt noch ergänzt werden, indem man die untersten Zweige entfernt, damit der Halm frei sichtbar ist. Man sollte dabei nicht mehr als das untere Drittel kahl schneiden, um nicht das physische und optische Gleichgewicht zu stören.

Mähen mit der Heckenschere oder der Motorsense

Die zwergwüchsigen Bambusarten und Bodendecker werden je nach Art einmal oder zweimal pro Jahr, gegebenenfalls alle zwei bis drei Jahre direkt über dem Boden gemäht. Dadurch werden die im Winter abgestorbenen Blätter oder Halme entfernt, der Teppich wird dichter und die Baumsämlinge, Holunderaustriebe und Brennnesseln werden eliminiert. Alle drei oder vier Jahre sollte zum Abschluss noch eine Schicht Dung oder reifer Kompost aufgebracht werden, damit der Bambusteppich kräftig und dicht bleibt.

Schneiden von Heckenbambus

Meistens lässt man Bambus ungezügelt Vorhänge oder Mauern bilden und profitiert von seinem eleganten Habitus und der japanisierenden Manier. Man kann ihn aber auch regelmäßig wie Thuja oder Lorbeer als Hecke schneiden. Dazu muss das Ende der Wachstumsphase und die Entwicklung der seitlichen Zweige abgewartet werden, was spätestens Mitte August abgeschlossen ist, um die Hecke in Breite und Höhe zu schneiden. Am besten geschieht dies mit einer mechanischen Heckenschere (von Hand), damit auch Zeit zum Ordnen der Halme bleibt. In Japan ist es durchaus üblich, derartige geschnittene Sichtschutzhecken (japan. *kakine*) durch horizontal angebrachte, abgestorbene Bambusstangen zu verstärken oder sogar Halme einzubinden, um eine immergrüne, lebendige Absperrung (japan. *takegaki*) zu errichten, was man in Europa seit einigen Jahren mit Weiden ebenso macht.

Man kann den linearen Eindruck und die Farbe des Bambus, in diesem Fall *Phyllostachys nigra*, schön zur Geltung bringen, indem man bis zu einer Höhe von etwa einem Drittel die Zweige entfernt. Dies vereinfacht auch die Unterpflanzung, hier mit Mondsichelfarn (*Polystichun falcatum* var. *falcatum*) und Japanischem Schlangenbart (*Ophiopogon japonicus*). Man beachte, auf welche Weise der Garten in das gänzlich japanische Atmosphäre atmende Haus integriert ist – ein hervorragendes Beispiel für das Wechselspiel von Drinnen und Draußen, das Érik Borja in einem Garten auf Korsika verwirklichte.

Sträucher

Während wir die Sträucher ihrer Üppigkeit und der reichen Blüten wegen schätzen, wählen japanische Gärtner sie aus, weil sich mit ihnen die geplanten Vorstellungen und damit die gewünschte Wirkung sehr genau verwirklichen lassen. Azaleen können sich von Natur aus in ein Blütenkleid hüllen. Wogenförmig geschnitten werden sie noch interessanter, selbst wenn dieser Schnitt einen Teil der Blüte vernichtet. Die Kamelien tragen großartige Blüten, und als Hecken erlebt man sie am häufigsten.
In den japanischen Gärten werden nur die Arten von Sträuchern verwendet, die vollkommen zu der gewünschten Form, Funktion und Wirkung passen. Sie werden mit dem Ziel gehegt und gepflegt, diesen Effekt lange zu bewahren. Dazu ist ein schärferer Sinn für die Pflanzenwelt nötig als in Europa.
Im Allgemeinen finden sich drei Gruppen von Sträuchern in den japanischen Gärten. Die erste Gruppe schließt Sträucher ein, die wegen der Blüten ausgewählt werden. Die Blüten stehen aber im Zusammenhang mit den im Hause platzierten Ikebana-Kunstwerken – in der Konzeption des Gartens spielen sie nur eine untergeordnete Rolle. Die zweite Gruppe umfasst die Arten, die man durch Schnitt in die Form von Körpern, Wogen oder Geländestrukturen bringt, während die dritte Kategorie ausschließlich aus Pflanzen von naturgemäß eigentümlicher Form besteht, die man besonders hervorhebt. Die Kategorisierung ist jedoch keinesfalls starr und manche Büsche zählen mal zu der einen, mal zu der anderen Gruppe, je nach Art des Schnitts und der Pflanzung.

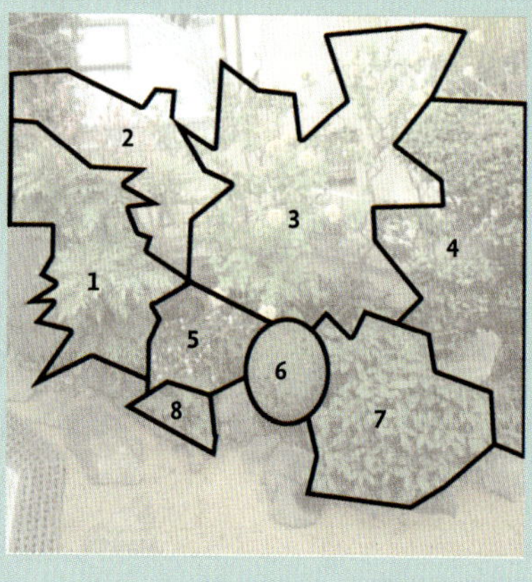

Wenige ausgewählte und richtig geschnittene Sträucher genügen, um einer Pariser Stadtterrasse japanisches Flair zu verleihen (Planung von Érik Borja).
Von links nach rechts ist zu sehen:
1. Mahonie (*Mahonia x media*)
2. Gewöhnlicher Judasbaum (*Cercis siliquastrum*)
3. Koreanischer Schneeball (*Viburnum carlesii*)
4. Gewöhnlicher Buchsbaum (*Buxus sempervirens*)
5. *Iris confusa*
6. Kugelförmig geschnittener Buchs (*Buxus suffruticosa*)
7. Davids Schneeball (*Viburnum davidii*)
8. Gesägter Tüpfelfarn (*Polypodium interjectum*)

Blütensträucher

Im Gegensatz zum vorherrschenden europäischen Irrglauben lieben die Japaner blühende Sträucher. Auch wenn sie diese in den traditionellen Gärten selbst kaum gestalterisch nutzen, finden sich unzählige Sorten in den Baumschulen und sie werden sehr oft in Töpfen gehalten.

Die Kamelie

Dieser Strauch ist einer der gängigsten im japanischen Garten, dort wird er in vielfältigster Weise eingesetzt. Man verwendet ihn als Heckenpflanze oder als Solitär, man lässt ihn sich frei entfalten oder trimmt ihn in Form – je nach Laune des Gärtners.

Da der Strauch den Schnitt gut verträgt, kultiviert man ihn häufig als Topfpflanze für das Fensterbrett oder den Balkon, in freier Form oder als kunstvollen Bonsai. Diese Miniaturen sind wirklich überaus bemerkenswert, weil sie Blüten in der gleichen Größe wie die „frei" im Garten wachsenden Exemplare hervorbringen. Es gibt eine Vielzahl von Sorten, mit allen möglichen Blütenfarben außer Blau und Schwarz sowie verschiedensten Blütenformen. Sie können gefüllt oder ungefüllt, verwachsen- oder freiblättrig oder mit gelappten Blütenblättern, bunt, gestreift, unregelmäßig oder regelmäßig panaschiert sein.

Japanische Kamelie, *Camellia japonica*

Sie ist der wohl beliebteste Strauch und zugleich auch derjenige, bei welchem die Japaner die meisten Züchtungen vorgenommen haben. Die große Popularität verdankt die Art ihrer frühen Blüte, die kurz vor den *Prunus*-Arten erfolgt und das Ende des Winters markiert. Bei uns kennt man in erster Linie Züchtungen mit großen, gefüllten oder halbgefüllten Blüten in verschiedenen Formen und Farben, einfarbig oder panaschiert. Diese sind auch in Japan beliebt, dort vor allem in der Blumensteckkunst.

Standortbedingungen: *C. japonica* liebt schattige Plätze an Mauern oder unter großen Bäumen, die die Blüten und die immergrünen Blätter vor Frost und starker Sonne schützen sowie vor dem von der Pflanze am meisten gefürchteten Wind. Sie braucht sauren Boden, ist aber nicht so anspruchsvoll wie Rhododendren sondern eher den Hortensien vergleichbar. Weil sie etwas frostempfindlich ist, blüht die Art in mildem Klima regelmäßiger und schöner.

Ersatz: Wenn der Boden nicht geeignet ist, sollte man Kamelien in Kübeln in einer Mischung aus Torferde und Kompost ziehen. Auf ausreichenden Schutz im Winter ist zu achten.

Sasquana-Kamelie, *Camellia sasanqua*

In japanischen Gärten gedeihen auch oft Formen der im Herbst blühenden Sasquana-Kamelie. Ihre wesentlich kleineren, im Allgemeinen einfachen Blüten duften im Gegensatz zur vorgenannten Art sehr intensiv. In Europa setzt man diese Art erst seit wenigen Jahren ein, doch zur Züchtung von neuen robusten Ziersorten mit langer Blühperiode und intensivem Duft wird sie nun vermehrt verwendet.

Standortbedingungen: *C. sasquana* benötigt im Gegensatz zu *C. japonica* sonnige Plätze, damit die Äste kräftig treiben können und viele Knospen ansetzen. Auch wenn sie von Natur aus auf sauren Böden gedeiht, kommt sie auch mit neutralen Böden zurecht. Sie verträgt auch den Wind recht gut.

Ersatz: Wie die Japanische Kamelie gedeiht auch sie gut im Topf.

Japanische Scheinquitte, *Chaenomeles japonica*

Dieser Strauch findet in der japanischen Blumensteckkunst reichlich Verwendung und ist leicht an den sparrigen Blütenzweigen zu erkennen, die eine gewisse Eleganz aufweisen. Trotzdem bemerkt man die Scheinquitte oft nicht in den Gärten, da sie wie die Azaleen zu Figuren geschnitten wird und in der Masse untergeht. Ursprünglich hatte sie einfache, rotorangefarbene Blüten, nun gibt es aber weitere Formen mit weißen, rosafarbenen, lachsfarbenen oder zinnoberroten Blüten, einfach, halbgefüllt oder gefüllt. Die Blüten mancher jüngerer Züchtungen ähneln stark denen der Kamelie.

Standortbedingungen: Die Japanischen Scheinquitten wachsen überall mit Ausnahme von extrem kalkhaltigen, zu nassen oder zu trockenen Böden.

Ersatz: Auf durchschnittlichen Böden sind sie ersetzbar durch kleinwüchsige Formen der Gattung *Prunus* wie Mandelbäumchen *Prunus triloba* oder Drüsen-Kirsche *P. glandulosa*, deren Blüte in den gleichen Zeitraum fällt.

Dahurische Azalee, *Rhododendron dauricum*

Selbst wenn man manchmal einen oder zwei großblütige Rhododendren mit großen Blättern, wie wir sie kennen, findet, so scheinen die Japaner doch Arten mit kleinen, einfachen Blüten zu bevorzugen: *R. mucronulatum, R. dauricum, R.* x *praecox* – lichtere und von Natur aus wesentlich grazilere Pflanzen. Allerdings steht wie bei den Azaleen nicht die Blüte im Vordergrund. Sie wird durch den Kugelschnitt doch oft ausgedünnt. Bei den besonders schönen Exemplaren werden die Silhouette und die Leichtigkeit durch den ausdünnenden Schnitt hervorgehoben.

Standortbedingungen: Sie benötigt sauren oder neutralen Boden, jedoch nicht tief reichend, und ist weniger windempfindlich als die großblättrigen Arten.

Ersatz: Es können Topfpflanzen verwendet werden, wenn der Boden absolut nicht tauglich ist. Die Art kann lange in einem glasierten Keramiktopf gedeihen, sofern sie mit Regenwasser gegossen wird.

Garten-Hortensie, *Hydrangea macrophylla*

Die Hortensie ist in Japan mit zwei Arten heimisch. *H. macrophylla* gedeiht in den Küstenregionen und ist an den großen, glänzenden Blättern erkennbar. *H. serrata* wächst in erster Linie in Höhenlagen und hat kleinere, mattere Blätter. Beide Arten zeigen in der Wildform die Trugdolde als Blütenstand, wobei innen die fruchtbaren Blüten liegen und von größeren, farbintensiveren, unfruchtbaren Blüten umgeben sind. Beide Arten waren die Eltern von Züchtungen mit fast kugelförmigen Blütenständen, deren Einzelblüten mehrheitlich steril sind.

Standortbedingungen: Garten-Hortensien schätzen sauren Boden, der den Blüten die schöne blaue Farbe gibt. Auf neutralen Böden blühen sie rosa oder rot. Hortensien vertragen weder kalkhaltigen Boden – dort werden die Blätter gelb – noch Trockenheit.

Ersatz: Die ebenfalls aus Japan stammende Rispen-Hortensie (*H. paniculata*) oder die amerikanische Wald-Hortensie (*H. arborescens* 'Annabelle'), die kalkhaltige Böden besser verträgt.

Strauch-Pfingstrose, *Paeonia x suffruticosa*

Die Pracht der großen, ungefüllten oder gefüllten Blüten in den Farben Weiß, Rosa, Purpurrot, Violett, Gelb oder Orange dauert nur wenige Tage, löst aber Anfang Mai einen ähnlichen Rausch aus wie die Kirschblüte im April – vor allem in der Gegend der Stadt Yatsuka, dem Zentrum japanischer Päonienkultur. Die Sträucher werden etwa 1,5 bis 2 m hoch, haben gewundene Äste und bieten mit ihren großen Blättern den gesamten Sommer über einen exotischen Anblick.

Standortbedingungen: Sie gedeiht auf allen Bodenzusammensetzungen, vorausgesetzt diese sind nicht staunass. Eine leichte Vorliebe für Kiesboden oder sogar Kalkböden ist zu erkennen.

Ersatz: Die Gewöhnlichen Pfingstrosen (*P. officinalis*) sind ebenso schön wie die Strauch-Pfingstrosen, aber nicht so raumgreifend.

Koreanischer Schneeball, *Viburnum carlesii*

Im März und April brechen an den Zweigenden große, kugelförmige Blütenstände auf, deren Einzelblüten eine wachsartige Textur besitzen. Als Knospen sind sie oft rosafarben und geöffnet dann weiß. Sie spenden einen zarten Duft, der gleichzeitig an Geißblatt, *Tagetes* und Jasmin erinnert. Dieser ursprünglich in Korea heimische Strauch wurde schon sehr früh in Japan eingeführt, findet sich aber vor allem in den zahlreichen kleinen, zeitgenössischen Gärten oder auf den Terrassen und Balkonen der neuen Wohnanlagen, da er sich trotz der Wuchshöhe von bis zu 1,8 m sehr gut für die Topfkultur eignet.

Standortbedingungen: Fruchtbarer, lehmiger, kühler aber gut entwässerter Boden ist ideal. Die Art benötigt Windschutz und blüht gut im Halbschatten, beispielsweise im Schutz eines großen Bambus.

Ersatz: Der im Februar und März duftend blühende immergrüne Seidelbast, zum Beispiel *Daphne odora* 'Aureomarginata', kann als Ersatz dienen. Dieser bleibt mit etwa 1 x 1 m etwas kleiner.

Immergrüne Sträucher

Auch wenn einige dieser Sträucher von Natur aus hübsche Formen zeigen, werden diese im japanischen Garten selten unverändert einbezogen. Die Gärtner schneiden diese Arten bevorzugt zu Skulpturen, um durch die Gestaltung künstlicher Wellenlinien die Konturen von Hügeln oder entfernten Bergen nachzuahmen. Sie schaffen Bewegung durch die Pflanzen und tragen damit zur Grundausstattung des Gartens bei.
Manche Skulpturen erinnern an Felsen, während andere Sträucher flach gehalten werden, damit sie wenige Zentimeter über dem Moosteppich einen zweiten Teppich bilden. In einigen Gärten bedecken die Wogen das Gelände ganz flach und schmiegen sich an die Konturen an. Blüten, die trotz des exakten Schnitts noch auf einigen Flächen hervorbrechen, bilden Farbtupfer oder überziehen im Frühling während weniger Tage das gesamte Blattwerk. Viele abendländische Gärtner, vor allem in den südlichen Regionen, trimmen Pflanzen wie Buchs, Lavendel, Rosmarin auf ähnliche Art und Weise. Dies ist ein perfektes Beispiel für „gärtnerische Übereinstimmung" – eine ähnliche Technik wird mit vergleichbarem Ziel, jedoch auf unterschiedliche Pflanzenarten, angewendet. Die Azaleen eignen sich gut, aber es gibt noch etliche andere Straucharten, die ebenso gut für das Spiel mit der Heckenschere verwendet werden können.

Rechte Seite:
Bei uns ahmt der Schnitt eher geometrische Formen nach, die japanische Seele lässt sich dagegen bevorzugt von natürlichen Formen wie Felsen inspirieren. Im Bild rechts ist die Immergrüne Kriech-Heckenkirsche *Lonicera pileata* in einer Gartengestaltung von Érik Borja zu sehen.

Neben dem stets grünen Anblick spielen die immergrünen Sträucher eine wichtige Rolle, wenn es um massige Figuren geht, die durch regelmäßigen Schnitt entstehen.

Nebenstehend sind die an das Mittelmeerklima und den Kalkboden angepassten Arten im Garten von Nicole de Vésian zu sehen:
1. Immergrüner Schneeball (*Viburnum tinus*)
2. Buchskugeln (*Buxus suffruticosa*)
3. Säulen von Wacholder (*Juniperus virginiana* 'Skyrocket')
4. Glänzende Heckenkirsche (*Lonicera nitida*)
5. Echter Lavendel (*Lavandula angustifolia*)
6. Echter Salbei (*Salvia officinalis*)

Kaempfers Azalee, *Rhododendron kaempferi*

Diese niedrigen und breiten Sträucher behalten über den Winter einen Teil ihres Laubes. Der natürliche Habitus wird oftmals durch einen nach dem Verblühen durchgeführten Formschnitt beseitigt, um „den Fluchtpunkt nicht zu stören" oder um für die Blütezeit den Anblick einer vollendeten Blütenkugel ohne irgendein Loch im Blattwerk zu schaffen. Im berühmten Tokyoter Garten Koraku-in versammelt sich eine unvorstellbare Menschenmenge, um das von geschnittenen Azaleen überzogene feine Bodenrelief zu bewundern. Im Mai, wenn sie erblühen, geraten diese vollständig von malvenfarbenen und karminroten Blüten bedeckten Wogen zu einem Anblick von unendlicher Schönheit.

Standortbedingungen: Gut geeignet ist ein saurer, lockerer, feuchter aber nicht staunasser Boden. Einige Stunden Sonnenschein am Tag, bevorzugt in den Morgenstunden, sollten gewährleistet sein.

Ersatz: Japanische Zierquitten können alternativ verwendet werden. Sie sind etwas einfacher zu halten.

Kleinblättriger Buchsbaum, *Buxus microphylla*

Diese Buchsart mit kleinem Blattwerk ist besser an feuchte Klimaverhältnisse angepasst als die europäischen. Ihr Wachstum erfolgt recht langsam, aber man kann durch das Nebeneinandersetzen unterschiedlich großer Exemplare oder das Frisieren eines großen Einzelexemplars zu mehreren „Köpfen" relativ leicht Wellenformen schaffen. Es gibt zahlreiche Arten von mehr oder weniger kompakter Statur, aber im Allgemeinen wachsen sie von Natur aus breiter als hoch.

Standortbedingungen: Dieser Buchs liebt kühle Böden ohne Staunässe und zieht einige Stunden Morgensonne einer andauernden Sonneneinstrahlung vor, diese lässt die Blätter gelb werden.

Ersatz: Unser Gewöhnlicher Buchsbaum, *Buxus sempervirens*, ist für kalkhaltige Böden im trockenen Klima besser geeignet, ebenso die Sorte *B. sempervirens* 'Suffruticosa', der „Heckenbuchs", der ebenfalls niedrig bleibt und langsam wächst.

Glänzende Heckenkirsche, *Lonicera nitida*

Die Glänzende oder Immergrüne Strauch-Heckenkirsche ähnelt von weitem einem Buchsbaum oder einem japanischen *Ilex*, wächst wesentlich rascher und passt sich vor allem den unterschiedlichsten Situationen an. Ein Strauch erster Wahl, wenn es um das Üben von Zierschnitten geht, ohne lange auf das Ergebnis warten zu müssen. Es gibt zahlreiche Sorten unterschiedlicher Wuchskraft. Manche wuchern in die Breite wie 'Ernest Wilson', andere wie 'Maigrün' gehen in die Höhe (1,5 m und mehr). Zudem gibt es Varietäten mit goldgelbem oder panaschiertem Laub. Ungeschnitten wachsen diese Sträucher chaotisch und ungezügelt.

Standortbedingungen: *L. nitida* gedeiht auf allen Böden, selbst auf Lehm, sollte aber vor Hitze oder Nässe geschützt werden. Sie ist widerstandsfähig gegen Wind, Gischt und städtische Umweltverschmutzung.

Ersatz: Der Andenstrauch, *Escallonia iveyi*, in Küstenregionen oder Fettblättriger Strauch-Ehrenpreis, *Hebe pinguifolia*, in milden Klimazonen.

Zwergmispel, *Cotoneaster franchetti, C. horizontalis, C. dammeri*

Die Mehrzahl dieser Sträucher stammt aus China, doch findet man sie häufig in japanischen Gärten außerhalb Chinas. Durch ihr gutes Gedeihen auf unterschiedlichsten Böden und unter verschiedenen Klimabedingungen ersetzen sie oft die empfindlicheren japanischen Gartensträucher wie die Gewürzbeere *Ardisia crenata*. Man schätzt die Arten aufgrund der dekorativen, oft roten Früchte, die bis Dezember am Strauch bleiben. Im Alter entwickeln manche eine abgestufte Statur, doch werden sie oft zu Kugeln oder Wellen geschnitten.

Standortbedingungen: Zwergmispeln gedeihen eigentlich überall, im Schatten wie in der Sonne, auf feuchtem wie trockenem Boden.

Ersatz: Der Feuerdorn *Pyracantha rodgersiana* ist ebenso einfach zu kultivieren, trägt aber reicher Früchte und ist in den Gärten derzeit weiter verbreitet.

Japanische Aukube, *Aucuba japonica*

In Japan genießt dieser Strauch einen besseren Ruf als in Europa, wo er nur an vernachlässigten Ecken öffentlicher Plätze gepflanzt wurde. In Japan verwendet man nicht die Varietät mit gelb gesprenkelten Blättern, sondern die „Wildform" mit großen, dunkelgrünen Blättern, allenfalls noch eine der eleganteren Sorten mit schmalen Blättern, wie zum Beispiel 'Salicifolia'. Die Art ist zweihäusig, das heißt es gibt männliche und weibliche Exemplare, wobei nur die weiblichen im Winter die bemerkenswerten, großen, roten, giftigen Früchte tragen.

Standortbedingungen: *Aucuba* gedeiht eigentlich überall gut, bevorzugt aber den Schatten. Unter Bambus entwickelt sie sich besonders gut.

Ersatz: Die Steinlinde *Phillyrea latifolia* hat große Blätter und treibt im Mai duftende, weiße Blüten, trägt aber keine Früchte. Sie fühlt sich auf kalkhaltigen Böden wohl.

Japanische Lavendelheide, *Pieris japonica*

Lavendelheide hat zwei Vorteile: die frühe und lang andauernde Blüte von Februar bis Mai und die Farbenpracht der neuen Austriebe in Rot, Orange oder leuchtendem Rosa, die von April bis Juni zu sehen ist, bevor die Blätter sich über Gelb zu Grün hin färben. Die glockenförmigen Blüten ähneln denen der Maiglöckchen. Sie geben einen vergleichbaren Duft ab und stehen in Trauben am Ende des Triebes. Lavendelheide kann mehr als 2 m hoch und breit werden, doch werden kompaktere Sorten bevorzugt. Nebeneinander gepflanzt, lassen sich damit wogende Flächen schaffen.

Standortbedingungen: Saurer, lockerer und feuchter Boden ist für gutes, gleichwohl langsames Wachstum unverzichtbar. Die Pflanzen sind empfindlich gegen Wind und direkte Sonneneinstrahlung, aber auch als Kübelpflanzen geeignet.

Ersatz: Die Glanzmispel *Photinia* 'Red Robin', deren Jungtriebe rot sind, gedeiht auf neutralen oder alkalischen Böden. Die dichtere Lorbeerkirschen-Züchtung Etna® 'Anbri' wird auch als Alternative zu *Pieris japonica* verwendet.

Der wolkenförmige Schnitt

Man darf diese Art des Zierschnitts mit dem europäischen Topiary vergleichen, doch in Japan lässt man sich nicht von geometrischen Formen inspirieren sondern von der Form der Büsche selbst. Man zwingt einem Gewächs nicht unerbittlich den eigenen Willen auf, sondern berücksichtigt die Natur der Pflanze, um mit dem Ziel „völliger Harmonie" die Silhouette zu formen und zu vervollkommnen. Man betont die Qualitäten und Mängel eines Baumes oder Strauches bis zur größtmöglichen Verfeinerung.

Der wolkenförmige Schnitt ist besonderen Exemplaren vorbehalten, die an einer bedeutenden Stelle platziert sind. Durch die Betonung der malerischen Form wird das Wachstum der Pflanzen im Zaum gehalten, was bei einem kleinen Garten besonders wichtig sein kann. Diese Schnittform kann auch bei Topfpflanzen auf Balkon und Terrasse angewendet werden.

Der Schnitt wird bei bereits gut entwickelten Gewächsen ausgeführt: Den Bäumen oder Sträuchern werden fast alle sekundären Zweige und Triebe entfernt, damit die Hauptäste bis auf Büschel von Blättern an den Zweigenden kahl sind. Diese Büschel werden sukzessive gekürzt, um ihnen je nach Vorstellung eine kugelige, eiförmige oder platte Form zu geben. Regelmäßiger Nachschnitt alle sechs Wochen während der Wachstumszeit (gewöhnlich Mai bis Oktober) mit der Heckenschere erhält die Form und das Volumen der „Wölkchen" bei gleichzeitig dichter werdendem Laub.

Die Mehrzahl der verholzenden Sträucher und Bäume kann auf diese Art und Weise geschnitten werden. Wer sich nicht imstande sieht, eine alte Konifere durch diese Schnitttechnik zu verwandeln, der findet „vorbereitete" Exemplare in den Baumschulen oder bei Fachhändlern.

Japanische Stechpalme, *Ilex crenata*

Von Weitem sieht die Pflanze mit ihren kleinen, ovalen Blättchen weniger einer Stechpalme denn einem Buchs ähnlich – nur mit leicht gezähnten Blättern. Von schnellerem Wachstum als letzterer, findet die Stechpalme je nach Sorte dann Verwendung, wenn kugelrunde Sträucher, sich an das Gelände anschmiegende Teppiche oder kraftvolle Exemplare „im Wolkenschnitt" entstehen sollen. In Europa gibt es gelbblättrige oder panaschierte Sorten, die in Japan interessanterweise kaum geschätzt werden.

Standortbedingungen: Sie benötigt lehmhaltige oder schlammige, unabdingbar saure Böden. Die Pflanzen sind sehr widerstandsfähig gegen Wind, Gischt und städtische Umweltverschmutzung.

Ersatz: Sie sind ersetzbar durch Buchsbaum, bevorzugt schnell wachsende Züchtungen wie 'Handworthiensis' oder 'Rotundifolia'.

Wacholder, *Juniperus x pfitzeriana*

Der wolkenförmige Schnitt ist ein bewährtes Mittel, um Koniferen mit ausgreifenden Ästen zu „recyceln", die in Gärten der 1970er- und 1980er-Jahre so zahlreich gepflanzt worden waren. Im Laufe der Zeit haben sich ihre Zweige spinnengleich entwickelt, doch zeigen sie ein ansehnliches lineares Skelett, das Beachtung verdient. Das feine Laubwerk des Wacholders eignet sich sehr gut für den Schnitt, welcher oftmals die Farben – je nach Sorte Grün, Grau, Gelb oder Bläulich – auffrischt.

Standortbedingungen: Wacholder wächst eigentlich überall ganz gut, vor allem auf lehmigen und nährstoffreichen Böden, aber er gewöhnt sich auch an steinige, karge Böden. Er ist nicht windempfindlich.

Ersatz: Kleinwüchsige Scheinzypressen wie *Chamaecyparis thyoides* (Weiße Scheinzypresse) oder Delavays Liguster, *Ligustrum delavayanum*, passen im Verhältnis besser auf eine Terrasse oder einen Balkon.

Malerische Sträucher

Ein üppiges oder ungewöhnliches Blattwerk und ein architektonischer oder „wie gemalter" Habitus geben diesen Sträuchern eine unkonventionelle Silhouette. Man setzt sie oftmals einzeln, gut sichtbar, sodass sie den Blick auf sich ziehen. Manche sind für Europa „exotisch", weil sie aus den subtropischen Breiten Japans kommen. Man kann sie jedoch durch andere ersetzen oder im Topf kultivieren.

Nandina, *Nandina domestica*

Man nennt diese Pflanze auch Himmelsbambus. Von weitem gleicht ihr Wuchs Durch das feine, geteilte Laub und die aufragenden Stängel tatsächlich dem Bambus, doch die weißen Blüten im Sommer, gefolgt von Trauben roter Früchte, verleihen der Pflanze ganz andere Züge, die dem echten Bambus fehlen. Es gibt auch kleinwüchsige und gedrungene Sorten, die man eher zur Gestaltung von sanften Wogen heranzieht.

Standortbedingungen: Für kälteres Klima ist sie nur bedingt geeignet, obwohl die Pflanze Temperaturen von –8 bis –10 °C übersteht, sofern sie gut verwurzelt ist.

Ersatz: *Danae racemosa* (Traubendorn) erinnert ebenfalls an Bambus. Die immergrünen Pflanzen haben noch biegsamere Zweige und zarte Blätter, sind zäh und absolut winterhart bis –20 °C.

Das Nebeneinander von Pflanzen mit malerischer Statur – die *Cycas* rechts, der Papyrus im Hintergrund und die Schefflera links – lässt interessante Szenerien entstehen, auch wenn diese Arten weder Blüten noch bunte Farben zeigen. Die beiden Letztgenannten sind sehr frostempfindlich.

Hohe Steckenpalme, *Rhapis excelsa*

Dabei handelt es sich um eine der seltenen Palmenartigen, die in Japan, aber auch in China und Korea, wild wächst. Sie ist so robust, dass sie sogar auf dem Breitengrad von Tokio im Freiland wächst und Frost bis −5 °C toleriert. Die vertikalen Triebe lassen an Bambus denken und tragen in regelmäßigen Abständen handförmig geschnittene Blätter mit etwa 10 Abschnitten. Sie vermehrt sich durch Teilung und gewinnt langsam an Breite. Sie eignet sich besonders für die Pflanzung in einem glasierten Terrakotta-Kübel.

Standortbedingungen: Die Pflanzen sind empfindlich gegen Sonne und Wind. Man verwendet sie für Unterpflanzungen, zum Beispiel in der Abgeschiedenheit eines kleinen Innenhofes oder Patios. In Paris sind sie sogar im Freiland winterhart.

Ersatz: Die Chinesische Hanfpalme, *Trachycarpus fortunei*, ist eine etwas größere chinesische Palmenart, die bis −15 °C winterhart ist, sofern sie gut angegangen ist und windgeschützt steht.

Japanischer Sagopalmfarn, *Cycas revoluta*

Die in Japan endemische Art ist einigermaßen winterhart. Man schätzt ihr palmengleiches Aussehen in Verbindung mit der Widerstandskraft ihrer „Palmwedel", die fest und zugleich elastisch wie Plastik aussehen. Ältere Exemplare vertragen die Winterkälte relativ gut. Da alle Palmen sich nur langsam von Schäden erholen, tut man gut daran, sie zum Schutz in mehrere Schichten Stroh einzuhüllen. Sie gedeiht auch gut im Kübel und kann im Winter wunderbar als Zimmerpflanze gehalten werden.

Standortbedingungen: Ein durchschnittlicher Boden, humusreich, kalkhaltig oder sauer, aber feucht, ist geeignet. Die Pflanze kann Trockenheit vertragen, wächst aber besser bei Feuchtigkeit.

Ersatz: Sie kann durch einen schönen Horst eines ausladenden Farnes, z. B. den Weichen Schildfarn *Polystichum setiferum* 'Brevis', der vollständig immergrün und winterhart ist, ersetzt werden.

Mahonie, *Mahonia japonica*

Bei uns pflanzt man die Mahonie wegen ihrer von Dezember bis Februar blühenden, nach Maiglöckchen duftenden, hellgelben Blütentrauben. In den japanischen Gärten wird sie eher wegen ihrer endständigen, langen, unpaarig gefiederten Laubblätter geschätzt. Etwas steif, solange die Triebe noch jung sind, nehmen sie mit der Zeit durch das Gewicht der Trauben blauer Früchte am Ende des Frühlings eine hübsche, gekrümmte Form an. Das frische Blattwerk zeigt einen kupferroten Schimmer, bevor es tiefgrün wird. Teils nehmen die alten Blätter die rote Farbe nochmals an, bevor sie absterben.

Standortbedingungen: Die Mahonie ist ein Schattengewächs, das permanente Feuchtigkeit liebt, aber sommerliche Trockenheit auch verträgt.

Ersatz: Der Essigbaum, *Rhus typhina*, hat ebenfalls schöne, unpaarig gefiederte Laubblätter, die er aber abwirft. Er verträgt einen sonnigen Standort.

Zimmeraralie, *Fatsia japonica*

Viele Gärtner denken nicht daran, dass dieser Strauch mit den großen, palmenartigen Blättern Temperaturen bis −10 °C übersteht, was ihn mindestens ebenso winterhart macht wie die Kamelie. Das attraktive und exotisch wirkende Blattwerk erneuert sich gegen Ende des Frühjahrs, die Blüte erfolgt zum Sommerende: große, weiße Doldenrispen. Die sich daraus entwickelnden, schwarzen Früchte sind gegen Ende des Winters reif, sofern sie nicht erfrieren.

Standortbedingungen: Der Strauch liebt feuchten Boden und einen windgeschützten Platz. Ein Baum, ein größerer Strauch oder Bambus genügen, um die Blüten ausreichend vor dem ersten Herbstfrost zu schützen.

Ersatz: Baumaralie (*Kalopanax septemlobus* var. *septemlobus*) hat ähnliche palmwedelförmige Blätter, ist jedoch laubabwerfend.

Japanischer Blauregen, *Wisteria floribunda*

Die japanische Glyzine blüht ein wenig später als ihre chinesische Verwandte, und die malvenfarbenen oder weißen hängenden Blütentrauben entwickeln sich zeitgleich mit den Laubblättern. Manchmal werden die Trauben sehr lang, bei der Sorte 'Macrobotrys' bis zu 1 m, und verströmen zum Abend hin einen süßlichen Duft. Sie ist die erste Wahl zum Schmuck von Pergolen oder Brückengeländern, doch die Japaner ziehen sie auch gerne zum „Baum" heran. Durch wiederholten Schnitt während des Sommers entsteht dann ein malerischer Strauch.

Standortbedingungen: Er verträgt keine kalkhaltigen und staunassen Böden, gedeiht aber gut auf normalem Boden an einer vor dem späten Frühjahrsfrost geschützten Stelle.

Ersatz: Den Chinesischen Blauregen, *Wisteria sinensis*, finden viele Pflanzenfreunde spektakulärer, weil die Blüten vor den Laubblättern erscheinen.

Direkt auf der Erdoberfläche

Diese letzte Vegetationsebene, die niedrigste, wird in Japan völlig anders betrachtet als bei uns. Während der Westen den Reichtum von Blumen und die Abfolge der Blüte im Laufe der Jahreszeiten schätzt, bescheidet man sich in Japan mit einem grünen Teppich, mit harmonischen Konturen oder einer deutlichen Asymmetrie. Blumen sind eine Zugabe, ein kurzlebiges, punktuelles Phänomen. In der Blumensteckkunst schätzt man sie mehr als in den Gärten selbst. In kleinen Stadtgärten setzt man stellenweise symbolträchtige Blumen als Vorboten für einen bestimmten Zeitpunkt oder eine Jahreszeit. Das gilt für die Chrysantheme im Herbst und für *Hosta* oder *Hemerocallis* im Sommer. Die beiden Letztgenannten kultiviert man auch für die Speisekarte, da man ihre eingelegten oder frittierten Knospen ebenso gern verspeist wie die geöffneten Blüten.

Moose

Moose spielen in den japanischen Gärten eine wichtige Rolle. Manche Tempelgärten wie Kinkaku-ji in Kyoto oder der Moostempel Saiho-ji, auch *kokedera* genannt, haben sie zum Programm gemacht. Im Garten des Saiho-ji kann man wohl an die 140 verschiedene Arten bestimmen.

Unter unseren klimatischen Bedingungen ist es nicht leicht, Moose zu einem regelmäßigen Wachstum zu bringen. Hier fehlt die nötige, hohe Luftfeuchtigkeit. Für die Gestaltung eines Moosgartens ist im Vorhinein eine genaue Prüfung des Standortes notwendig. Es bedarf eines lehmhaltigen, durch eine Schotterschicht dränierten Bodens und Quellwassers. Die Moose nehmen das Wasser über ihre Oberfläche auf und nicht über Wurzeln, denn solchige besitzen sie nicht. Zudem ist regelmäßige Sonne, aber auch Schatten nötig.

Moose sind sehr empfindlich, werden schnell gelb, regenerieren sich aber, wenn man sie wässert. Man weiß aus der Parfumherstellung, dass die in den Destillen ankommenden, durch den wochenlangen Transport ausgetrockneten Bündel von Moosen wieder grün werden, sobald sie in einer feuchten Atmosphäre lagern.

Letztlich muss man jedoch akzeptieren, dass Moose niemals betreten werden dürfen, weil sie dadurch irreversibel geschädigt werden. Im Moosgarten von Kyoto lesen Frauen den ganzen Tag – Blatt um Blatt – das Ahornlaub auf, das auf die Moose gefallen ist und sie stören könnte.

Was wäre dieser Fächer-Ahorn ohne die seinen Stamm umgebenden Farne und vor allem die Bühne, die der vollendete Moosteppich ihm bereitet? Diese bescheidensten aller Pflanzen sind für die glanzvolleren Gewächse unentbehrlich.

Bubiköpfchen, *Soleirolia soleirolii*

Von Weitem ähnelt das Bubiköpfchen tatsächlich einem Moos, zumal es ebenso leicht Gegenstände und feuchte Steine überziehen kann. Auch Zwischenräume füllt es aus, weil es in Vertiefungen hineinfällt und dort anwächst. Zwar wird es oft als tropische Pflanze verkauft, aber es kann ganzjährig an geschützten Plätzen (Hof oder Patio) im Freiland kultiviert werden. Es genügt, wenn ein kleines Fleckchen den Winter überlebt, damit die Pflanze im Frühling neu austreiben kann.

Standortbedingungen: Ein dauerhaft feuchter aber nicht staunasser Boden sowie ein windgeschützter Platz sind geeignet.

Mastkraut, *Sagina subulata*

Diese Pflanze ähnelt durch ihre sehr feinen, fast fadenförmigen Blättchen direkt über dem Boden einem Moos am ehesten. Man kann sie aber gut dadurch unterscheiden, dass sie gegen Ende des Frühlings kleine, weiße Blütchen entwickelt, die verstreut auf dem smaragdgrünen Teppich blitzen. Es gibt eine hübsche gelbe Varietät, die bei direkter Sonneneinstrahlung empfindlich verbrennt. Sie ist aber im Schatten eines Mäuerchens oder eines Zaunes gut platziert. Mastkraut ist eher geeignet, Zwischenräume zwischen Steinen zu füllen als einen ebenmäßigen, weitflächigen Teppich zu bilden.

Standortbedingungen: Die Pflanze braucht Sonnenschein ebenso für eine gute Entwicklung wie einen gut dränierten Boden, der die Feuchtigkeit hält. Wie die echten Moose verträgt *Sagina* weder eine Begehung noch das im Herbst fallende Laub. Um die Pflanze zu kräftigen, sollte zum Frühlingsbeginn eine hauchdünne Schicht Komposterde aufgebracht werden.

Ersatz: Korsisches Sandkraut, *Arenaria balearica*, ist sehr ähnlich, verträgt aber die Hitze besser.

Piripiri-Stachelnüsschen, *Acaena novae-zelandiae*

Seine Laubblätter sind paarig gefiedert und tragen winzige, runde, gezähnelte Spreiten, die an den über den Boden kriechenden Trieben wachsen. Die Pflanze bildet je nach Varietät einen relativ dichten, blauen, kupferfarbenen oder hellgrünen Teppich, der sich eng an die Form der Steine oder an das Bodenrelief anschmiegt. Die Wuchskraft der Pflanzen ist sortenbedingt stark unterschiedlich.

Standortbedingungen: Die Pflanze ist an Sonne oder Halbschatten und lockeren, gut dränierten Boden angepasst. Kurz gesagt ersetzt sie echte Moose überall dort, wo diese sich nicht entwickeln könnten.

Ersatz: Das Fiederpolster, *Leptinella hispida*, ist ebenfalls ein guter Teppichbildner, er bevorzugt aber feuchtere Böden und einen sonnigen Standort.

Liriope, *Liriope muscari*

Für uns ist diese Pflanze vor allem von August bis November eine Augenweide, wenn sie ihre Blütenkerzen mit violetten Blütchen zeigt. In Japan schätzt man die Art wegen ihrer Büschel von grasähnlichen, immergrünen, lang gestreckten Blättern. Sie bildet hübsche Wellenstrukturen oder lehnt sich an Steine und breitet sich in Senken aus, und zeichnet dadurch deren Konturen weich. Es gibt einige Sorten mit panaschierten Blättern, die vor allem in Töpfen kultiviert werden.

Standortbedingungen: Die Pflanzen brauchen einen guten, keinesfalls alkalischen, humosen Boden, Schatten oder Halbschatten und ein mildes Klima (Frostschäden ab −5 °C).

Ersatz: Die Wiesen-Segge (Braun-Segge), *Carex nigra*, bildet ebenfalls schöne, immergrüne Blatthorste aus und ist völlig winterhart. Für Liebhaber von Farbe kommt eventuell auch eine der panaschierten *Carex*-Züchtungen wie *C. oshimensis* 'Evergold' infrage.

Schwarzer Schlangenbart, *Ophiopogon planiscapus*

Die strahlenförmigen, leicht gebogenen Blätter dieser kleinen japanischen Pflanze erinnern an ein Gras; sie sind das ganze Jahr über von dunkelgrüner und glänzender Farbe. Den Unterschied zum Gras bemerkt man nur am Ende des Sommers, wenn kleine rispige Trauben von veilchenähnlichen Blüten erscheinen, auf die unmittelbar Trauben violetter oder schwarzer Beeren folgen. 'Nigrescens' ist wegen ihrer völlig schwarzen Laubblätter die beliebteste Sorte. 'Minimus', mit dichter Gestalt, bildet schöne Wellen am Fuß von Bambuspflanzungen.

Standortbedingungen: *Ophiopogon* ist mit normalen Böden zufrieden.

Ersatz: Die Wald-Hainsimse, *Luzula sylvatica*, mit grünen, goldgelben oder gelb geränderten Blättern ist immergrün, winterhart und gedeiht auf kalkhaltigen Böden.

Farne

Viele japanische Gärten liegen im Schatten. Farne fühlen sich daher dort sehr wohl und sie fügen sich sehr gut in die japanischen Vorstellungen von Harmonie und Ästhetik ein. Viele stehen in hübschen regelmäßigen Gruppierungen beisammen, nicht zu dicht, und sind wegen der fein konturierten Spitzen ihres Grüns bemerkenswert.

Ein Wurmfarn (*Dryopteris filix-mas*), eine Segge (*Carex oshimensis*) und ein kleiner Bambus (*Pleiosblastus* 'Auricoma') bilden eine lebendige Szenerie im Schatten eines hohen Baumes. Der Kontrast zwischen den gelb panaschierten Laubblättern und den schwarzen Kieselsteinen ist atemberaubend.

Reinste Einfachheit – ein Pontonweg aus Holzplanken durch eine Farnpflanzung: die Quintessenz des Unterholzes. Dieser japanische Garten liegt in Schweden!

Mondsichelfarn, *Polystichum falcatum* var. *falcatum* (Syn. *Cyrtomium falcatum*)

Dieser immergrüne Farn besitzt festes, glänzendes Laub, dessen lanzettliche Abschnitte an das Laub der *Ilex*-Arten erinnert. Weithin als Zimmerpflanze gehalten, gilt er als nicht winterhart, aber er übersteht in den Stadtgärten oder im Schutz von Bambus oder Koniferen auch Minustemperaturen. Mit der Zeit bilden sich beeindruckende Büsche von 90 bis 100 cm Höhe mit mehreren Kronen. Am besten schneidet man die kleinsten ab, um die schönste Krone hervorzuheben.

Standortbedingungen: Er liebt gering alkalischen, humusreichen Boden, der mindestens bis zum Sommeranfang gut feucht ist. Er verträgt aber die sommerliche Trockenheit sehr gut.

Ersatz: Der Hirschzungenfarn, *Asplenium scolopendrium*, hat große, ledrige Blätter und ist absolut winterhart; er liebt Kalkböden.

Japanischer Schildfarn, *Polystichum polyblepharum*

Dieser schöne japanische Farn bringt lange, tief eingeschnittene, aber breite Wedel hervor, die eine glänzende Oberfläche haben. Sie sind sehr spektakulär anzusehen, wenn sie sich im Frühling entrollen. Sie bleiben die gesamte Saison über stehen, während der Farn ausgreifende Horste von bis zu 1 m Durchmesser bildet.

Standortbedingungen: Gute Gartenerde, feucht und humusreich, aber nicht kalkhaltig, ist ideal.

Ersatz: Der in Europa heimische Weiche Schildfarn, *Polystichum setiferum*, ist an Kalkböden angepasst ist, die Erde muss aber feucht gehalten werden.

Rotschleier-Wurmfarn, *Dryopteris erythrosora*

Diese immergrüne, in Japan, China und Korea heimische Art bringt durch ihre gelblich kupferroten Wedel etwas Farbe in den Garten. Sie werden bei Kälte dunkler und fast rot. Im Sommer und Winter hellen sich die hübschen dreieckigen Wedel auf, bis sie fast gelb sind. Diese Wurmfarn-Art passt besonders gut zur Lavendelheide, beide haben einen markanten Farbwechsel.

Standortbedingungen: Wurmfarn stellt geringe Anforderungen und gedeiht an unterschiedlichsten schattigen und halbschattigen Plätzen ungeachtet der Bodenverhältnisse.

Ersatz: *Athyrium niponicum* 'Pictum', Frauenfarn, ist ebenfalls eine wunderbare, farbige Art, silbrig glänzend, aber laubabwerfend.

Schusterpalme, *Aspidistra elatior*

Jeder kennt diese Pflanze von der Reihe auf Großmutters Blumenfenster. Sie hält viel aus: Schatten, Nachlässigkeit, Nährstoffmangel und mehr. Man vergisst, dass die Pflanze auch gut im Freiland, in einem geschützten Innenhof oder im Schutz von Bambus und Koniferen, gedeihen kann. In Japan gibt es sehr hübsche Varietäten mit panaschierten Laubblättern, die robustesten werden im Freiland gesetzt, die anderen finden unter Sammlern reißenden Absatz.

Standortbedingungen: Die Schusterpalme stellt keine besonderen Anforderungen außer einem kalkfreien Boden und Windschutz.

Ersatz: *Rhodea japonica* ist eine Pflanze mit dunkelgrünen, schlanken, teils gestreiften Blättern, die recht geometrisch wirkt und gut winterhart ist.

Haselwurz, *Asarum speciosum*

Diese kleine, niedrigwüchsige Art mit nierenförmigen Blättern ist der besondere Star in Pflanzensammlungen, weil die silbrigen Muster auf den Blattoberseiten von Pflanze zu Pflanze unterschiedlich sind. Die robusteren Varietäten bilden auf kleiner Fläche deckende Teppiche, während die zarteren als Einzelexemplare in Töpfen oder am Fuß kleiner Ahornbäumchen – Bonsais – kultiviert werden.

Standortbedingungen: Die Böden sollten locker und humusreich, aber nicht kalkhaltig sein. Temperaturen ab –5 °C sind schädlich.

Ersatz: *Asarum europaeum* hat einfarbig grüne Blätter, ist jedoch wuchskräftiger.

Schachtelhalm, *Equisetum kamtschaticum*

Als Verwandte der Farne werden die Schachtelhalme ebenfalls wegen ihrer grafischen Wirkung geschätzt. Die Kamtschatka-Art ist etwas besonderes, weil die Halme, die bis zu 1 cm Durchmesser und mehr als 1,2 m Höhe erreichen können, vertikal in die Höhe wachsen. Man kann also die schwarzen Knoten, die die Halme in Segmente gliedern, ungestört betrachten. Je nach Orientierung zum Licht entwickeln sie verschiedene Grüntöne.

Standortbedingungen: Schachtelhalme brauchen sehr feuchte Böden oder eine Uferzone; Standortkonkurrenten sollten vermieden werden.

Ersatz: *Equisetum hyemale*, der Winter-Schachtelhalm, ist sehr ähnlich aber nicht so hoch aufwachsend (nur 50 cm Höhe).

Schwertlilien und blühende Stauden

In den japanischen Gärten gibt es nur wenige blühende Stauden. Und die vorhandenen Arten werden meistens aus anderen Gründen als der Blüte geschätzt – es geht um die grafischen Konturen der Laubblätter oder den besonderen Standort, zum Beispiel am Ufer, oder gar die Möglichkeit, sie gut im Topf zu kultivieren. Historisch bedingt, gilt die Schwertlilie als vorrangig emblematische Blütenstaude des japanischen Gartens. Man findet sie auch auf zahlreichen Holzschnitten.

Japanische Sumpf-Schwertlilie, *Iris ensata*

Diese Art unterscheidet sich von den europäischen Schwertlilien dadurch, dass sie im Wasser der Uferzonen gedeiht und reich blüht. Ihre Blüte markiert den Sommeranfang. Von Natur aus besitzen die Blüten drei malvenfarbene, am Grunde rosafarbene Perigonzipfel, die fast völlig zurückgeschlagen sind. Doch die unzähligen japanischen Züchtungen bieten eine reiche Farbpalette: Blau, Violett, Zartrosa, Reinweiß. Dazu kommen völlig abgeflachte Blüten, die rechtwinklig auf den vertikalen Stängeln sitzen.
Standortbedingungen: Sie benötigt im Frühling und Sommer viel Feuchtigkeit, nicht jedoch im Winter, am Bachlauf gedeiht sie besser als am Teichufer. Sie verträgt außerdem keinen Kalkboden.
Ersatz: *Iris sibirica*, die etwas früher blühende Wiesen-Schwertlilie, gedeiht ohne Schwierigkeiten auf feuchtem Boden mit Kalk.

Lilien-Funkie, *Hosta plantaginea*

Die meisten Arten der Gattung werden wegen der Schönheit ihres Blattwerkes kultiviert. Die Japaner haben aber die unzähligen, modernen Züchtungen nicht in die Gärten integriert, weil diese zumeist aus den Vereinigten Staaten stammen. Sie schätzen noch immer die chinesische Art *H. plantaginea* mit den feinen weißen Blüten, die zum Ende des Sommers aufgehen. Die trichterförmigen Blüten von mehr als 10 cm Länge werden wegen ihres feinen Duftes, den sie am Nachmittag verströmen, geschätzt. Kenner lieben sie ebenso wegen ihres Geschmacks.

Standortbedingungen: Die Pflanzen brauchen einen feuchten Boden, ungeachtet der Zusammensetzung, und einige Stunden Sonnenschein, um die Blüte anzuregen.

Ersatz: Die Züchtung 'Royal Standard' ist kräftiger, mit kleineren, aber zahlreicheren Blüten und längerer Blühperiode.

Orangefarbene Taglilie, *Hemerocallis aurantiaca*

Zahlreiche Arten sind in Japan endemisch oder haben sich verbreitet, nachdem man sie aus China eingebracht hatte. Ihre vergänglichen Blüten, die nur einen Tag leben, bieten sich wunderbar als Meditationsgegenstand an. Die japanischen Gärtner jedoch schätzen die Dynamik der Laubblätter und die Linienführung der Blütenstängel. Man setzt sie nicht in Massenpflanzungen wie in Europa, sondern in einzelnen Grüppchen, damit man die luftige Silhouette genießen kann.

Standortbedingungen: Durchschnittlicher Boden genügt der Taglilie, sie schätzt die Feuchtigkeit im Frühling und Frühsommer, erträgt aber auch sommerliche Trockenheit.

Ersatz: Sie kann durch asiatische Lilienarten ersetzt werden, die im Spätsommer ähnliche Blüten zeigen, aber weniger Raum beanspruchen.

Goldband-Lilie, *Lilium auratum*

Ihre sehr großen weißen, mit einigen goldenen Sprenkeln versehenen Blüten machen sich von Weitem bemerkbar, nicht nur durch die Form und die helle Farbe, sondern auch durch den schweren, üppigen Duft. Sie riechen nach einer Mischung aus Jasmin und Geißblatt. Die radiären Blüten wachsen einzeln oder paarweise; die Züchtungen besitzen mehrere Blüten, die oft wie bei einer Dolde beisammen stehen. Sofern die Pflanze gut verwurzelt ist und in feuchter Erde sitzt, erreichen ihre Stängel leicht 1,8 bis 2 m Höhe. Man setzt sie am besten an einen schattigen Platz mit zwei bis drei Sonnenstunden am Nachmittag.

Standortbedingungen: Leichter und humusreicher Boden (Laubkompost), nach Möglichkeit sauer, wäre ideal, sie gedeiht aber auch in neutralen Böden. Die Lilie ist ein perfekter Begleiter für Rhododendren, an die sie wunderbar anknüpft.

Ersatz: Es gibt Lilienzüchtungen, die leichter zu kultivieren sind, aber nicht so beeindrucken.

Borstige Krötenlilie, *Tricyrtis hirta*

Ursprünglich überall in Ostasien beheimatet, erkennt man die Krötenlilien leicht an ihren Blüten, deren Teile jeweils in einem Vielfachen von Drei vorhanden sind. Die gängigsten Arten besitzen seltsame weiße Blütenkronen mit purpurfarbenen Sprenkeln. Zudem gibt es Varietäten mit gelben, weißen und sogar blauen Blüten. Sie blühen ab Ende Juli, die verschiedenen Arten und Sorten wechseln sich bis November ab.

Standortbedingungen: Der Boden sollte keinesfalls kalkhaltig sein, sondern humusreich, feucht und beschattet. Am besten kommen die Pflanzen an einer Böschung, am Hang oder einer Bodenerhebung zur Geltung.

Ersatz: Die Leopardenblume, *Belamcanda chinensis*, hat ebenso getupfte Blüten, die im Juli und August erscheinen, und bevorzugt einen sonnigen Platz.

Chrysantheme, *Chrysanthemum* sp.

Im Osten gilt die Winteraster oder Chrysantheme nicht als „Friedhofsblume", sondern als eine der schönsten Blütenpflanzen der Schöpfung, die als letzte im Spätsommer und Herbst erblüht. Dem Beispiel der chinesischen Gärtner folgend haben die Japaner verschiedene Arten und Varietäten gekreuzt und ausgewählt, mit dem Ergebnis, dass oftmals eher bizarre als schöne Formen und Farben entstanden. Doch gibt es jeden möglichen Geschmack in der Natur. Die Chrysanthemen werden gewöhnlich nicht in die Gärten ausgepflanzt, sondern in Töpfen kultiviert und erst zur Blüte präsentiert. Wie ein lebender Blumenstrauß symbolisieren sie das Ende des Sommers.

Standortbedingungen: Reicher Boden, Düngung und regelmäßiger Schnitt sind notwendig. Die Züchtungen brauchen regelmäßige Pflege und sind kaum winterhart.

Ersatz: Die mehrjährigen, winterharten Asternarten (*Aster* sp.) ähneln mit ihren Blütenfarben und unterschiedlichen Formen den Chrysanthemen stark. Die Sommerastern (*Callistephus* sp.) sind sogar noch ähnlicher, aber nur einjährig.

Japanische Etagen-Primel, *Primula japonica*

Man erkennt sie im Gegensatz zu den europäischen Primeln leicht an ihrem wesentlich feineren Äußeren. Sie treiben senkrechte Stängel aus, und die Blüten stehen wirtelig in regelmäßigen Abständen, wie bei den „Etagen" mancher Sträucher. Es gibt unterschiedliche Arten mit rosafarbenen, purpurroten, gelben, orangefarbenen oder reinweißen Blüten. Manchmal sind die Stängel mit feinem, weißem Staub überzogen, was die Primel noch eleganter wirken lässt.

Standortbedingungen: Sie braucht dauerfeuchten Boden, zum Beispiel am Ufer eines Teiches oder Wasserlaufes. Sie laugt den Boden schnell aus und muss alle zwei bis drei Jahre geteilt und umgesetzt werden, wenn man sie nicht sich selbst aussäen lassen möchte.

Ersatz: Sie sind so außergewöhnlich, dass man sie durch nichts ersetzen kann.

Pflanzenauswahl nach Bodenbeschaffenheit

(* bezeichnet Arten, die frostempfindlich sind und besser in warmem Klima gedeihen)

<table>
<tr><th>Kategorie</th><th>Saure Böden</th><th>Neutrale Böden</th><th>Alkalische Böden</th></tr>
<tr><td>Laubabwerfender Baum mit kegelförmiger Statur</td><td>Cornus controversa</td><td>Cornus alternifolia</td><td>C. alternifolia veredelt auf C. alba.</td></tr>
<tr><td>Winterblühender Strauch</td><td>Hamamelis</td><td colspan="2">Cornus mas, Cornus officinalis</td></tr>
<tr><td>Kegelförmiger Strauch</td><td>Enkianthus campanulatus
Viburnum plicatum</td><td colspan="2">Viburnum plicatum veredelt auf V. lantana</td></tr>
<tr><td>Ahorn</td><td>Acer palmatum</td><td>Acer palmatum 'Coreanum'</td><td>Acer campestre
Acer monspessulanum*</td></tr>
<tr><td>Baum in Trauerform</td><td>Cercidiphyllum japonicum 'Pendulum'</td><td>Salix babylonica
(Sophora japonica)</td><td>(Pyrus salicifolia 'Pendula')</td></tr>
<tr><td>Baum mit runden Laubblättern</td><td colspan="2">Cercidiphyllum japonicum</td><td>Cercis silliquastrum</td></tr>
<tr><td>Baum mit ausladender Krone</td><td colspan="3">Zelkova carpinifolia</td></tr>
<tr><td>Schwarz-Kiefer</td><td>Pinus thunbergii</td><td colspan="2">Pinus nigra</td></tr>
<tr><td>Rot-Kiefer</td><td>Pinus densiflora</td><td colspan="2">Pinus sylvestris</td></tr>
<tr><td>Japanische Zeder</td><td>Cryptomeria japonica</td><td colspan="2">Cupressus sempervirens, x Cupressocyparis leylandii</td></tr>
<tr><td>Scheinzypressen</td><td colspan="2">Chamaecyparis obtusa</td><td>Juniperus communis</td></tr>
<tr><td>Einfach blühender Prunus</td><td colspan="2">Prunus subhirtella</td><td>P. subhirtella veredelt auf Süßkirsche; Cercis silliquastrum</td></tr>
<tr><td>Früh blühende Aprikose</td><td>Prunus mume</td><td colspan="2">Prunus persica, Prunus mume veredelt auf P. cerasifera,
Prunus cerasifera 'Moseri'</td></tr>
<tr><td>Blühender Apfel</td><td colspan="3">Malus x floribunda</td></tr>
<tr><td>Kamelien</td><td>Camelia japonica</td><td>Camelia sasanqua</td><td>Camellia als Topfpflanze</td></tr>
<tr><td>Zierquitte</td><td colspan="2">Chaenomeles japonica
und C. x superba</td><td>Prunus triloba
Prunus glandulosa</td></tr>
<tr><td>Kleinblütige Rhododendren</td><td colspan="2">Rhododendron dauricum. R. x praecox, R. x mucronulatum</td><td>Rhodos als Topfpflanze</td></tr>
<tr><td>Hortensien</td><td>Hydrangea macrophylla</td><td>Hydrangea serrata</td><td>Hydrangea 'Annabelle'</td></tr>
<tr><td>Winterblühender Strauch</td><td>Hamamelis mollis</td><td colspan="2">Cornus mas, Cornus officinalis</td></tr>
<tr><td>Strauchpäonie</td><td colspan="3">Paeonia x suffruticosa (Paeonia x officinalis)</td></tr>
<tr><td>Duftender Schneeball</td><td colspan="2">Viburnum carlesii, V. x burkwoodii</td><td>V. carlesii veredelt auf V. lantana
(Daphne odora)</td></tr>
<tr><td>Zum Schnitt geeigneter Blütenstrauch</td><td>Rhododendron kaempferi</td><td>Chaenomeles japonica</td><td>Sarcococca hoockeriana</td></tr>
<tr><td>Buchsbaum</td><td>Buxus microphylla</td><td colspan="2">Buxus sempervirens</td></tr>
<tr><td>Falscher Buchs</td><td colspan="3">Lonicera nitida, Escallonia iveyi, Hebe pinguifolia</td></tr>
</table>

<table>
<tr><th>Kategorie</th><th colspan="2">Saure Böden</th><th colspan="2">Neutrale Böden</th><th colspan="2">Alkalische Böden</th></tr>
<tr><td>Zwergmispel</td><td colspan="6">Cotoneaster horizontalis, Cotoneaster franchettii, Pyracantha x rodgersiana</td></tr>
<tr><td>Großblättriger, immergrüner Strauch</td><td colspan="3">Aucuba japonica</td><td colspan="3">Phyllirea latifolia</td></tr>
<tr><td>Strauch mit roten Trieben</td><td colspan="3">Pieris japonica</td><td colspan="3">Photinia 'Red Robin'
Prunus laurocerasus 'Etna'</td></tr>
<tr><td>Ilex</td><td colspan="2">Ilex crenata</td><td colspan="4">Buxus sempervirens, Lonicera pileata</td></tr>
<tr><td>Wacholder</td><td colspan="6">Juniperus x media (Chamaecyparis thyoides, Ligustrum delavayi)</td></tr>
<tr><td>Falscher Bambus</td><td colspan="3">Nandina domestica</td><td colspan="3">Danae racemosa</td></tr>
<tr><td>Winterharte Palmen</td><td colspan="3">Rhapis excelsa*</td><td colspan="3">Trachycarpus fortunei</td></tr>
<tr><td>Hanfpalmen</td><td colspan="3">Cycas revoluta*</td><td colspan="3">Polystichum setiferum 'Bevis'</td></tr>
<tr><td>Fiederblättriger Strauch</td><td colspan="3">Mahonia japonica</td><td colspan="3">Rhus typhina</td></tr>
<tr><td>Großblättriger Strauch</td><td colspan="3">Fatsia japonica</td><td colspan="3">Kalopanax pictus</td></tr>
<tr><td>Glyzine</td><td colspan="4">Wisteria floribunda, Wisteria sinensis</td><td colspan="2"></td></tr>
<tr><td>Moos</td><td colspan="2">Soleirola soleirolii*</td><td colspan="2">Sagina subulata, Acaena novae-zelandiae, Leptinella hispida</td><td colspan="2">Arenaria baearica</td></tr>
<tr><td>Unechte Gräser</td><td colspan="2">Liriope muscari
Ophiopogon planiscapus</td><td colspan="4">Carex nigra, Carex oshimensis, Luzula sylvatica
Ophiopogon planiscapus</td></tr>
<tr><td>Immergrüner Farn mit breiten Wedeln</td><td colspan="3">Polystichum falcatum var. falcatum</td><td colspan="3">Asplenium scolopendrium</td></tr>
<tr><td>Immergrüner Farn mit eingeschnittenen Wedeln</td><td colspan="3">Polystichum polyblepharum</td><td colspan="3">Polystichum setiferum</td></tr>
<tr><td>Farbiger Farn</td><td colspan="6">Athyrium nipponicum
Dryopteris erythrosora</td></tr>
<tr><td>Immergrüne, lanzettblättrige Staude</td><td colspan="6">Aspidistra elatior *
Rhodea japonica</td></tr>
<tr><td>Bodendecker mit nierenförmigen Blättern</td><td colspan="3">Asarum speciosum</td><td colspan="3">Asarum europaeum</td></tr>
<tr><td>Schachtelhalm</td><td colspan="4">Equisetum kamtschatichum (E. hymale)</td><td colspan="2"></td></tr>
<tr><td>Sumpf-Schwertlilie</td><td colspan="3">Iris ensata</td><td colspan="3">Iris sibirica</td></tr>
<tr><td>Funkie</td><td colspan="6">Hosta plantaginea (und Hosta 'Royal Standard')</td></tr>
<tr><td>Taglilie</td><td colspan="3">Lilium x aureliense</td><td colspan="3">Hemerocallis hybrida</td></tr>
<tr><td>Unechte Orchidee</td><td colspan="4">Tricyrtis formosana</td><td colspan="2">Belamcanda chinensis</td></tr>
<tr><td>Chrysantheme</td><td colspan="2">Dendranthema hybrida
Aster novii-belgii</td><td colspan="4"></td></tr>
</table>

NACHWORT

Nach Japan abfliegen, sich in das Buch *Chronique japonaise* vertiefen, rundum alles vergessen. Den ältesten Garten – Koraku-en – in Tokio betreten: Feiner Regen dämpft den Lärm der Stadt, die Feuchtigkeit verstärkt die Düfte. „Das ist genau die richtige Atmosphäre, um den Garten zu besichtigen“, murmelt Jean-Paul Pigeat. Einen Gärtner überraschen mit weißen Handschuhen, beim Schneiden einer gewundenen Kiefer, Nadel für Nadel – ich nehme hier fünf weg und dort drei, alles Nadeln aus dem Vorjahr, um flache Dreiecke oder Wölkchen zu gestalten. Sich im flammend roten herbstlichen Ahornwald *momeiji* in den japanischen Bergen verlaufen, auf der Suche nach möglicherweise für den Einsatz in Chaumont geeigneten, seltenen Pflanzen. Blind mit dem Landschaftsgestalter Fumiyaki Takano einen Weg laufen, die Augen verbunden, mit dem Körper den Raum erspüren, bevor man die Planung sieht. Das berührt die Seele, hat etwas Archaisches. Ein heißes Bad im Freien in den Thermalquellen in den Bergen zu nehmen, ohne sich zu erkälten. Das Symbol eines Bären auf einem Schild nicht ernst nehmen und die Warnungen des Übersetzers in den Wind schlagen, einen Verwesungsgeruch in der Nähe wahrnehmen, die Botaniker im Stich lassen, auf den Weg zurückstürmen und am selben Abend dann im Restaurant erfahren, dass durchschnittlich 70 Personen jährlich von dem berühmten Bären angegriffen werden. In Kyoto promenieren und sich zwischen 1598 Zen-Tempeln für die mit den schönsten Trockengärten entscheiden können, oder den mythischen Garten der Villa Murin-an zu sehen, dessen Symbole teils so ätherisch sind, dass man unfähig ist sie zu entschlüsseln. Einen starken, schaumigen Tee im Teehaus bei der Kaskade trinken, unter dem Berg Hiei, der der als geborgte Landschaft zwischen den Zweigen eines Baumes hindurchscheint, ...

Ich bin oft mit Jean-Paul Pigeat gereist. Er war ein kultivierter Beobachter und für alles offen. Jede Reise war bezaubernd. Nun weilt er nicht mehr unter uns. Es bleiben jene magischen Momente, die wir mit einigen anderen Privilegierten teilen durften und die ihm ermöglichten, dieses Buch zu verfassen.

Ariane Delilez

Vorsitzende des Französischen Landschaftsverbandes

Der japanische Fächer-Ahorn während des *momeiji* (im Herbst), in den Gärten Albert Kahn.

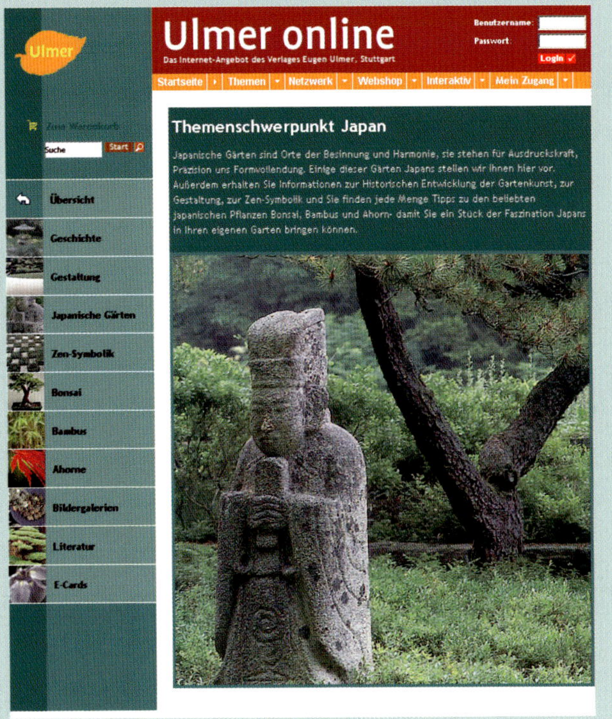

Mehr zum Thema Japan finden Sie unter:
www.ulmer.de/japan – Das Internetportal

Wir stellen Ihnen einige Gärten Japans vor.
Außerdem erhalten Sie Informationen zur historischen Entwicklung der japanischen Gartenkunst, zur Gestaltung, zur Zen-Symbolik und Sie finden jede Menge Tipps zu Bambus, Bonsai und Ahorn. Bringen Sie ein Stück der Faszination Japans in Ihren Garten.

Bibliografische Information der Deutschen Nationalbibliothek
Die Deutsche Nationalbibliothek verzeichnet diese Publikation in der Deutschen Nationalbibliografie; detaillierte bibliografische Daten sind im Internet über http://dnb.d-nb.de abrufbar.

Die französische Originalausgabe erschien
unter dem Titel Jean-Paul Pigeat,
L'esprit du Japon dans nos Jardins
© 2006 Les Édition Eugen Ulmer, Paris
Conception graphique: Mateo Baronnet

Deutsche Lizenzausgabe
© 2007 Eugen Ulmer KG
Wollgrasweg 41, 70599 Stuttgart (Hohenheim)
E-Mail: info@ulmer.de
Internet: www.ulmer.de
Umschlagentwurf: red-sign, Annette Vogt, Stuttgart
Übersetzung: Sabine Hesemann
Lektorat: Sabine Drobik, Doris Kowalzik
Herstellung: Gabriele Wieczorek
DTP: Satz+Layout Fruth GmbH, München
Druck und Bindung: Printer, Trento
Printed in Italy

ISBN 978-3-8001-5400-5

Bildnachweis

Hélène Binet: S. 67.
Philippe Bonduel: S. 30l, 30r.
CIPJP: S. 4.
Jacques de Givry: S. 12, 13, 76, 90, 104, 125, 144, 161, 166.
Andrea Jones: S. 82-83, 157.
Jean-Baptiste Leroux: S. 15, 17, 19, 60–61.
Le Scanff-Mayer: S. 21, 22, 23, 25, 29, 56, 57, 66, 142.
MAP/Arnaud Descat: S. 117r, 159l; **MAP/Hugues**: 117M; **MAP/C. Nichols**: 132M.
Paul Maurer : Umschlagvorder- und Rückseite (Érik Borjas Gärten), S. 8, 27, 28, 31, 32-33, 37, 39, 42, 44, 45, 46, 48l, 48r, 49, 50l, 50r, 51, 53, 58, 59, 64, 65, 68, 69, 70, 71, 72, 73, 74, 75, 77, 78, 79, 80, 81, 84, 85, 86, 87, 89, 91, 93, 94, 95, 99, 101, 103, 106, 107, 108, 111, 113, 114, 119, 120, 123l, 126r, 127, 128, 129, 133M, 135, 137, 143, 144r, 147, 149, 153, 156, 158l.
Yann Monel : S. 96, 146u.
Jean-Paul Pigeat : S. 10, 36, 43, 110.
Didier Willery : 114l, 114M, 114r, 116l, 116r, 117l, 122l, 122r, 123l, 124, 126l, 130l, 130r, 131, 132l, 132r, 133l, 133r, 139l, 139r, 139u, 140l, 140M, 140r, 141l, 141r, 144l, 144M, 145l, 145M, 145r, 146o, 146M, 148, 150l, 150M, 150r, 151l, 151r, 154l, 154M, 154r, 155l, 155r, 158M, 158r, 159M, 159r, 160, 162l, 162M, 162r, 163l, 163M, 163r.